裁 判 思 路 与 裁 判 规 则 丛 书

集体土地征收案件
裁判思路与裁判规则

JITI TUDI ZHENGSHOU ANJIAN
CAIPAN SILU YU CAIPAN GUIZE

阎 巍 胡卉明 著

法律出版社
LAW PRESS · CHINA

序　言

土地是民生之本、发展之基，是人类赖以生存和繁衍的重要资源。中国作为世界文明古国之一，即使按照最保守的说法，也已有四千多年的历史，中国关于治国安邦的学术研究，也至少走过了四千年的历程。这其中，不论是圣帝明王大刀阔斧的体制改革创新，还是肱股重臣凝重翔实的制度设计，无不都建立在内陆农耕国家这样一个基本现实基础之上，无不都以对土地制度的基本认识为核心。当历史的巨轮驶入二十世纪，中国社会历经苦难终于完成了由古代社会向现代国家的艰难转变，在政治体制、价值观念、社会结构等主要领域，近代以来的中国与古代中国都已有了巨大的改变。但稍加观察就不难发现，最终给中国历史注入新时代动力的，是中国共产党领导下的土地革命，是通过“打土豪，分田地”和土地改革，中国共产党才赢得了中国农民乃至全中国人民的支持，最终取得了新民主主义革命的胜利。改革开放以来，中国改革的春风也最先来自农村，农村实行土地承包制，通过扩大农民地权的政策，提高了农民的积极性，解决了困扰新中国三十年之久的农民温饱和国家粮食供应问题。党的十九大以来，党提出了乡村振兴战略，并将其作为决胜全面建成小康社会、全面建设社会主义现代化国家的重大历史任务以及新时代“三农”工作的总抓手。而乡村振兴，意味着经济建设的快速发展，意味着城市化进程的不断加快，也同时意味着土地资源的不断紧缺与建设和生活需要的矛盾愈加凸显。马克思唯物史观认为，历史总是在矛盾中前进，奋斗在当代中国行政审判工作战线上的司法工作者对这一点有着切身的感受：由于土地征收及其相关工作关系农民生存、社会稳定以及历史遗留等敏感问题，加之长期以来土地管理法律法规以缺乏法权化为集中表现的制度层面的不健全，在因集体土地征收引发的案件中，新情况、新问题不断出现，人民群众寻求司法救济的数量不断增加，征地拆迁类案件已经一跃成为行政审判各类案件中绝对数量和增长数量最多的案件类型。由于此类案件所隐含的矛盾纠纷尖锐、复杂，而征拆项目往往又是当地党委、政府涉及基本民生的重点工程，因此，这类案件是当前经济社会发展中矛盾最为集中、突出的领域，也是人民法院需要下大力气应对的案件类型。

本书作者阎巍同志，结合自身工作实际，创造性地将负担行为与处分行为、诉讼利益与诉讼实施权、权利保护规范与当事人的确定、诉讼时效与请求权的制约等理论作为分析工具，对征地批复作出并公告后，后续权证注销、土地出让、颁证等行为是否可诉；征收决定实施后，自然资源主管部门与第三人签订的土地使用权出让合同是否可诉；在诉安置补偿不作为的案件中，起诉期限应当如何计算等近四十个实践中争议较大、亟待深入研究的问题进行了卓有见地的分析。特别值得一提的是，本书还邀请到了常年处于行政复议审理一线的自然资源部不动产登记中心（法律中心）复议事务处的胡卉明同志共同参与撰写。介绍了行政复议机关对本书涉及的相关争议问题的看法和做法经验。起草过程中，作者之间对于绝大多数问题都达成了一致，对于少数存在争议的问题，也做到了求同存异、客观呈现，增加了本书的包容性和客观性。

本书写作过程中，2019 年 8 月 26 日，第十三届全国人大常委会第十二次会议表决通过《关于修改〈中华人民共和国土地管理法〉、〈中华人民共和国城市房地产管理法〉的决定》，修改后的《土地管理法》将于 2020 年 1 月 1 日起施行。本书及时引入了《土地管理法》最新修改精神，阐明了《土地管理法》修改后，本书所论述问题的最新变化和发展走向，并着重分析了修改后的《土地管理法》进一步保护农民土地权益的相关内容和对司法审判思路的影响，保证了本书的现势性和实用性。

当然，随着修改后的《土地管理法》的施行，征地范围的确定、征地协议的签订、征地公告的发布、征地的组织实施、征地补偿标准等相当多的新旧法衔接问题要交付立法、司法和行政实践共同研究解决。希望两位作者的这部著作,能够抛砖引玉,使大家了解本书所涉领域相关问题的同时,能够从各自角度提出积极的、建设性的意见,为人民法院及各级自然资源管理部门在贯彻落实中央乡村振兴战略中发挥更好的作用,贡献智慧。

黄永维

二〇一九年九月

目 录

一、受案范围

1 国务院或者省、自治区、直辖市人民政府作出的征地批准行为是否属于人民法院受案范围

【问题的由来】

由于对《行政复议法》第三十条第二款“根据国务院或者省、自治区、直辖市人民政府对行政区划的勘定、调整或者征收土地的决定,省、自治区、直辖市人民政府确认土地、矿藏、水流、森林、山岭、草原、荒地、滩涂、海域等自然资源的所有权或者使用权的行政复议决定为最终裁决”中所规定的“最终裁决”的范围以及对《行政诉讼法》第十二条第一款第五项“人民法院受理公民、法人或者其他组织提起的下列诉讼:(五)对征收、征用决定及其补偿决定不服的”中规定的“征收决定”是否包括国务院或者省级人民政府作出的征地批准文件存有不同认识,实践当中对于国务院以及省级人民政府作出的征地批准行为是否属于人民法院行政诉讼的受案范围,存有争议。

【不同观点】

第一种观点认为,对于《行政复议法》第三十条第二款的理解,最高人民法院曾作出〔2005〕行他字第23号《最高人民法院关于适用〈中华人民共和国行政复议法〉第三十条第二款有关问题的答复》,该答复指出:“《中华人民共和国行政复议法》第三十条第二款规定的最终裁决应当包括两种情形:一是国务院或者省级人民政府对行政区划的勘定、调整或者征用土地的决定;二是省、自治区、直辖市人民政府据此确认自然资源的所有权或者使用权的行政复议决定。”据此,国务院或者省级人民政府作出的征地决定属于行政机关作出的最终裁

决，不属于人民法院受案范围。

第二种观点认为，《行政复议法》第三十条第二款规定的最终裁决的表现形式是针对确权决定作出的复议决定，而不是其所依据的征收决定，因此，从复议法的上述规定中，得不出征收决定不属于行政诉讼受案范围的结论。同时，现行《行政诉讼法》第十二条第一款第五项明确规定："人民法院受理公民、法人或者其他组织提起的下列诉讼：（五）对征收、征用决定及其补偿决定不服的；"因此，国务院或者省级人民政府作出的批准征收土地的决定属于行政诉讼的受案范围。

第三种观点认为，由于该问题目前理论界和实务界认识并不统一，实践中各地法院做法各异，因此，在相关部门和法律规范明确之前，应继续由各地结合本地实际自行探索，自行决定是否纳入受案范围。对决定纳入受案范围的，相关原告主体资格也宜由各地在不违反现行法规定前提下自行探索确定。

【裁判思路与裁判规则】

针对该问题所争议的两个核心法律规范，本书认为：

首先，关于《行政复议法》第三十条第二款的理解。从立法起草过程来看，该条规定最初来源于国务院提请审议的《行政复议法（草案）》第二十七条，该条规定：行政机关确认土地、矿藏、水流、森林、山岭、草原、荒地、滩涂等的所有权或者使用权的复议决定，是终局的复议决定。在讨论该草案的过程中，部分全国人大常委会组成人员和一些地方、部门人员以及专家提出，公民、法人或者其他组织对土地等自然资源的所有权或者使用权应当依法受到保护，草案规定对资源确权的行政复议决定为终局裁决，难以有力保障公民、法人或者其他组织的合法权益。为此，全国人大法律委员会建议将这一条修改为《行政复议法（草案第二次审议稿）》第二十八条："公民、法人或者其他组织对行政机关确认土地、矿藏、水流、森林、山岭、草原、荒地、滩涂的所有权或者使用权的行政决定不服的，可以向作出该决定的行政复议机关的上级机关提出申诉，或者依法向人民法院提起诉讼。"此后，有些地方和部门又提出，对土地等自然资源确权的行政复议决定是否可以提起诉讼的问题不宜作简单规定，因为有一些确权，如对行政区划的勘定、调整或者对土地的征用是《宪法》和《土地管理法》赋予国务院或者省、自治区、直辖市人民政府的权限，对这类确权问题，法律可以规定行政复议决定为终局决定。因此，全国人大法律委员会提出的草案第三稿第三十条将该部分内容修改为两款："公民、法人或者其他组织认为行政机关的具体行政行为侵犯其已经取得的土地、矿藏、水流、森林、山岭、草原、荒地、滩涂的所有权或者使用权的，应当先申请复议；对复议决定不服的可以依法向人民法院提起行政诉讼"；"行政机关根据国务院或者省、自治区、直辖市人民政府对行政区划的勘定、调整或者征用土地的决定，确认土地、矿藏、水流、森林、山岭、草原、荒地、滩涂的所有权或者使用权的行政复议决定为终局决定。"此后，相关部门又在此基础上根据一些常委、委员提出的建议，对草案列举的自然资源范围等内容进行了修改，最终形成现行《行政复议法》第三十条规定的内容。从上述起草过程来看，《行政复议法》第三十条将确权决定的可诉性问题分为两款，并分别作出复议前置和复议终局的处理，其本意就是在这一问题上尊重《宪法》和《土地管理法》赋予国务院或者省、自治区、直辖市人民政府对行政区划的勘定、调整以及对土地征收的权力。因此，虽然在字面上《行政复议法》并没有明确说明国务院或者省、自治区、直辖市人民政府对行政区划的勘定、调整以及对土地的征收是终局行为，但从立法过程来看，该意图是明显的。因此可以说，最高人民法院〔2005〕行他字第23号答复，是这一意图的忠实体现。目前，在该答复仍然现行有效的情况下，不宜轻易突破。

其次，关于《行政诉讼法》第十二条第一款第五项规定的理解。新修订的《行政诉讼法》虽然在案件受理的列举部分将"征收决定"明确写入，但是，该条中规定的"征收决定"，应当与《行政诉讼法》第十三条第四项"人民法院不受理公民、法人或者其他组织对下列事项提起的诉讼：（四）法律规定由行政机关最终裁决的行政行为"结合起来理解，而不能只顾一点，不及其余。至于这样理解是否会导致该条规定空置，本书认为，答案是否定的。因为，就作为诉讼对象的"征收决定"而言，除去省级以上人民政府以征地批复形式作出的征收土地决定，还包括省级以下人民政府及相关部门越权作出的征收土地决定，没有征收土地职权的组织违法作出的征收土地决定，以及针对国有土地上房屋作出的征收决定，而这三者显然是可诉的。因此，该条规定并不会因为对省级以上人民政府征地决定的排除，而成为空置条款。

综合以上两点，本书认为，在相关部门作出进一步规定前，省级以上人民政府的征地决定目前还不宜纳入行政诉讼的受案范围。对征地决定所涉当事人权利的救济，暂时仍应以行政体系的内部救济为主，具体来说：对于征地决定不服，权利人可以向复议机关申请复议，复议机关如果不受理或者未进行实体审查而是从程序、主体资格、受理范围等方面驳回，可以针对复议不受理或是驳回的决定提起行政诉讼；但在复议机关对征地决定进行实体审查，并作出复议决定的情况下，该决定同样不属于人民法院的受案范围。

由于对征收决定的救济目前仍以行政复议和裁决为主，因此，这里有必要介绍一下被征收人对征收决定不服，提起行政复议和裁决情况下复议机关的处理情况。根据《土地管理法》的规定，征地批复由省级人民政府和国务院两级政府作出。《行政复议法》第十四条规定"对国务院部门或者省、自治区、直辖市人民政府的具体行政行为不服的，向作出该具体行政行为的国务院部门或者省、自治区、直辖市人民政府申请行政复议。对行政复议决定不服的，可以向人民法院提起行政诉讼；也可以向国务院申请裁决，国务院依照本法的规定作出最终裁决。"据此，根据机构改革后的职责划分，对省级人民政府作出的征收决定，应该向作为省级人民政府组成部门的司法部门提起行政复议申请，对复议决定不服的，向作为国务院组成部门的司法部申请裁决。而对于国务院作出的征地批复，因为《行政复议法》及其实施条例未对国务院作出的行政行为的复议受理机关进行规定，所以实际上国务院作出的行政行为是不可复议的。实践当中，相当多的申请人因为国务院作出的征地批复是由自然资源部受国务院委托以自然资源部批复函的形式作出，因而向自然资源部提起行政复议申请。对此，一般情况下，自然资源部会以"被复议的征地批复是国务院批准征收土地后，自然资源部以批复形式通知省级人民政府的行为，属于国务院批准征收土地行为的组成部分，申请人对征地批复不服提出的行政复议申请，不属于行政复议机构职责范围，不符合行政复议受理条件"为由，作出不予受理决定。

关于此类案件的复议，还有一点需要说明的是，最高人民法院〔2005〕行他字第 23 号复函旨在强调，人民法院适用《行政复议法》第三十条第二款规定的一般标准,即省级政府的征地决定及行政复议决定未被纳入行政诉讼受案范围之内。但复议机关不得以此为由,将征地决定拒之门外。否则,不仅与《行政复议法》第六条第七项、第十一项有关“认为行政机关违法集资、征收财物……或者违法要求履行其他义务的”“认为行政机关的其他具体行政行为侵犯其合法权益的”等可申请复议情形的规定不符,也与实践中原国务院法制办公室作为国务院办事机构(职责已由重新组建的司法部承担),已办理大量针对省级政府所作的征地批复复议决定申请裁决案件的现实相冲突。

以上论述,并不意味着省级以上人民政府的征地决定在理论上不具有司法的可审查性。事实上,在征地决定作出的前置程序中,被征收土地是否属于可征收土地,有关部门是否具有征收相应土地的权限,是否履行了征地告知、征地调查、征地听证,以及相应的审批手续等,理论上都是可以进行司法审查的。但是,对此类案件进行审查,需要解决包括现行体系下国务院是否可以作被告、如何对省级以上人民政府的征收决定进行实质、有效的审查等一系列内外部司法环境和司法职能定位问题。由于这些问题尚在探索阶段,目前全国只有浙江等极少数地方法院经最高法院准许,对此类案件进行了探索性受理。对此,在已经批准进行试点的地区,相关审判业务工作在保持裁判标准统一的前提下,可以进行探索。但在尚未批准试行的地区,在相关法律、法规进行修改或是有关部门作出进一步解释前,暂不宜将该内容直接纳入受案范围。

【需注意的问题】

1. 从审判实践角度看,申请人对征地批复不服,实质上绝大多数是对征地补偿安置标准和安置补偿方案不服。2019 年 8 月 26 日,第十三届全国人民代表大会常务委员会第十二次会议表决通过《关于修改〈中华人民共和国土地管理法〉、〈中华人民共和国城市房地产管理法〉的决定》。从中,我们可以看到关于征地审批权限部分,修改后的《土地管理法》第四十六条,除对“基本农田”修改为“永久基本农田”以外,完全保留了原征收审批权限设置,即国务院和省级人民政府两级审批制。对于修改后的《土地管理法》规定的征地决定的可诉性问题,本书还是保留本节所持观点。但是在接下来将要开展的《土地管理法实施条例》及相关配套规章的修改制定工作中,征地审查报批制度和相应的报批材料将有可能进行大规模调整和修改。国务院和省级人民政府批准征地时重点审查的将是征地项目是否符合公共利益,而不对征地补偿安置标准和方案等是否合理进行审批。这就意味着,由市、县人民政府批准的征地补偿安置方案会成为对申请人利害关系产生直接影响的行政行为。届时,大多数被征地农民和集体经济组织将会选择与其切身利益直接相关的征地补偿安置方案及其批准机关作为诉讼对象和相应的被告,这会直接导致在大多数情况下,征地补偿安置方案而不是征地批复成为行政诉讼对象。

2. 2020 年 3 月 1 日,修改后的《土地管理法》施行后,为进一步深化“放管服”改革,改革土地管理制度,赋予省级人民政府更大用地自主权,国务院下发了《国务院关于授权和委托用地审批权的决定》(国发〔2020〕4 号,以下简称《决定》),规定国务院授权省级人民政府负责永久基本农田以外的农用地转为建设用地审批,并确定 8 个省份作为试点,国务院委托试点省份省级人民政府批准涉及永久基本农田农用地转用和集体土地征收审批。《决定》引起社会较大关注,用地审批事项改革对简化用地审批层级、提高土地管理效率等方面具有重要意义,同时对征地批复的可复议和可诉性问题也带来了新的内容和理解。比较有意思的是,根据授权和委托的法律涵义不同,国务院授权省级人民政府负责的农转用审批权限及根据《土地管理法》第四十六条规定相应获取的征收审批权限,视为省级人民政府行为,可以纳入复议范畴,而国务院委托省级人民政府试点批准的农转用和征收审批权限,将仍视为国务院行为,不可复议。

3. 值得关注的是,2020 年 3 月 30 日,自然资源部对社会发布关于《土地管理法实施条例(修订草案)》(征求意见稿)公开征求意见的公告,其中第三十四条规定,“被征收土地的所有权人、使用权人对土地征收不服的,可以依法申请行政复议或者提起行政诉讼。被征收土地所有权人、使用权人在规定的期限内不申请行政复议或者不提起行政诉讼,在规定的期限内又不腾退的,由县(市)人民政府依法申请人民法院强制执行”。这里的土地征收如包括或者专指土地征收决定,修订通过并施行后,征地批复是否可诉和可复议将不再有争议。

【相关案例】

边某诉陕西省人民政府(以下简称陕西省政府)征收土地行政批复案*

基本案情:2014年8月,陕西省政府作出陕政土批〔2014〕59号《关于汉中市2014年度第十三批统一征收集体建设用地的批复》(以下简称59号《批复》),同意将包括边某的宅基地在内的6.9263公顷集体建设用地依法征收为国有。2014年12月8日,陕西省政府收到边某的行政复议申请,要求确认59号《批复》违法,并依法予以撤销。陕西省政府经审查,认为其批准征收土地的行政行为认定事实清楚,适用依据正确,程序合法,遂决定维持59号《批复》。边某不服,向法院提起行政诉讼。

裁判摘要:本案被诉的59号《批复》系省级人民政府征收土地的决定。上述决定作出时,根据《行政复议法》第三十条第二款规定以及当时人民法院适用本款规定的一般标准,上述行政行为及行政复议决定未被纳入行政诉讼受案范围之内。据此,对于边某就陕西省政府征收土地的决定和行政复议决定提起的行政诉讼,原审法院依照《行政诉讼法》第十三条第四项的规定裁定驳回起诉,并无不当。

---

* (2016)最高法行申1636号。

2 行政机关作出的责令交出土地决定是否可诉

【问题的由来】

《土地管理法实施条例》第四十五条规定："违反土地管理法律、法规规定，阻挠国家建设征收土地的，由县级以上人民政府土地行政主管部门责令交出土地；拒不交出土地的，申请人民法院强制执行。"由于法律法规没有进一步明确责令交出土地的具体表现形式，实践当中，该条规定的"责令交出土地"可以表现为"责令交出土地决定书""责令交出土地通知书""限期交出土地通知书""限期腾房通知书"等多种形式。审判实践中，因对该条规定的"责令交出土地决定"属于什么性质的行政行为认识不统一，故对不服该决定是否可以提起行政诉讼，以及进入诉讼后的审查方式均存在一定争议。

【不同观点】

第一种观点认为，"责令交出土地"是一般性的通知行为，它的依据是土地征收决定。因此，该行为是前期征收行为的延续，而不是为相对人创设权利义务的新的行政行为。对此，人民法院可以作为非诉执行案件受理，但不应作为行政案件受理。

第二种观点认为，"责令交出土地"属于行政处罚，是被征收人不履行征收土地决定创设的第一性义务，而产生的第二性义务。它实际剥夺了被征收人的土地所有权或者使用权，对被征收人的权利义务产生了直接影响，故而可诉。

第三种观点认为，"责令交出土地"并不是征收决定的必然结果，在性质上它属于独立于征收决定，也区别于行政处罚的行政行为。相应地，责令交出土地决定是具有强制执行效力的行政法律文书,是可诉的。

【裁判思路与裁判规则】

上述争议的关键在于责令交出土地决定与征收决定之间的关系问题。对此,本书认为责令交出土地虽然以征收决定为前提,但不论在理论上还是实践上,二者都有着明显的区别:

首先,从针对的对象上看,征收决定解决的是特定范围内的土地是否被收归国有的问题,它针对的对象是土地的所有权;而责令交出土地解决的是原土地所有权人和使用权人所占有使用的土地在所有权人或使用权人拒不交出土地,阻挠征地工作实施的情况下,争议土地是否应当被强制交出的问题,它针对的对象主要是土地的使用权。

其次,从工作程序上看,二者是具有相对独立性的两个行政行为,征收决定的作出并不意味着征收主体就可以要求被征收人交出土地。征收决定作出后,市、县级人民政府和自然资源管理部门还要依据《土地管理法》和《土地管理法实施条例》规定的程序实施一系列的征地行为。具体包括:《土地管理法》第四十六条①规定的征地公告和补偿登记;第四十七条②及第四十八条③规定的征地补偿。这些程序意味着,征收决定作出后,必须经过合法的征收程序,进行了合法的征地补偿,征收部门才能够要求被征收人实际交出土地。从这个层面讲,征收决定并不必然引发责令交出土地决定。

需要说明的是,《物权法》第二十八条规定:"因人民法院、仲裁委员会的法律文书或者人民政府的征收决定等,导致物权设立、变更、转让或者消灭的,自法律文书或者人民政府的征收决定等生效时发生效力。"据此,征地批复公告送

---

① 《土地管理法》第四十六条 国家征收土地的,依照法定程序批准后,由县级以上地方人民政府予以公告并组织实施。被征收土地的所有权人、使用权人应当在公告规定期限内,持土地权属证书到当地人民政府土地行政主管部门办理征地补偿登记。

② 《土地管理法》第四十七条 征收土地的,按照被征收土地的原用途给予补偿。征收耕地的补偿费用包括土地补偿费、安置补助费以及地上附着物和青苗的补偿费。

③ 《土地管理法》第四十八条 征地补偿安置方案确定后,有关地方人民政府应当公告,并听取被征地的农村集体经济组织和农民的意见。

达后,根据行政行为效力的一般理论,该征地决定也就生效了。但《物权法》第四十二条第二款同时规定:"征收集体所有的土地,应当依法足额支付土地补偿费、安置补助费、地上附着物和青苗的补偿费等费用,安排被征地农民的社会保障费用,保障被征地农民的生活,维护被征地农民的合法权益。"此外,《土地管理法》第四十七条规定:"征收土地的,按照被征收土地的原用途给予补偿。"《土地管理法实施条例》第二十五条规定:"征收土地的各项费用应当自征地补偿、安置方案批准之日起3个月内全额支付。"修订后的《土地管理法》第四十八条明确规定:"征收土地应当依法及时足额支付土地补偿费、安置补助费以及农村村民住宅、其他地上附着物和青苗等的补偿费用,并安排被征地农民的社会保障费用。""对其中的农村村民住宅,应当按照先补偿后搬迁、居住条件有改善的原则,尊重农村村民意愿,采取重新安排宅基地建房、提供安置房或者货币补偿等方式给予公平、合理的补偿,并对因征收造成的搬迁、临时安置等费用予以补偿,保障农村村民居住的权利和合法的住房财产权益。"上述规定表明了国家在征收问题上所坚持的"先补偿、后搬迁"原则。也就是说,虽然征收决定生效,意味着土地的所有权性质发生了改变,但是,让原土地所有权和使用权人实际交出土地的前提,是征收主体要对土地的原所有权和使用权人依法进行安置补偿,保障被征收人的生活水平不因征地而降低。否则,即使土地所有权发生改变,也不能强令被征收人交出土地,放弃对原土地的使用权。这一点在《最高人民法院关于审理涉及农村集体土地行政案件若干问题的规定》中已经予以明确,该规定第十四条载明:"县级以上人民政府土地管理部门根据土地管理法实施条例第四十五条的规定,申请人民法院执行其作出的责令交出土地决定的,应当符合下列条件:(一)征收土地方案已经有权机关依法批准;(二)市、县人民政府和土地管理部门已经依照土地管理法和土地管理法实施条例规定的程序实施征地行为;(三)被征收土地所有权人、使用人已经依法得到安置补偿或者无正当理由拒绝接受安置补偿,且拒不交出土地,已经影响到征收工作的正常进行……人民法院对符合条件的申请,应当裁定予以受理,并通知申请人;对不符合条件的申请,应当裁定不予受理。"该条虽然是对责令交出土地之后人民法院对非诉执行申请审查的规定,但它明确将原土地使用人已经依法得到安置补偿，作为人民法院准许自然资源主管部门向法院申请执行责令交出土地决定的前置要件。这足以说明安置补偿与否，本身就是责令交出土地行为的合法性要件之一。

再次，在征收决定已经生效，且征收行为合法的情况下，还需要被征收人对征收土地的行为有所抗拒，且抗拒和不配合必须达到一定的程度，才可以作出责令交出土地决定。对此，可以参照《最高人民法院关于审理涉及农村集体土地行政案件若干问题的规定》第十四条第一款第三项的规定来理解，其规定："被征收土地所有权人、使用人已经依法得到安置补偿或者无正当理由拒绝接受安置补偿，且拒不交出土地，已经影响到征收工作的正常进行的。"这里一方面要求拒不交出土地，需要达到影响征收工作正常进行的程度；另一方面，拒不交出土地必须是"无正当理由"的情形，包括没有进行安置补偿以及安置补偿明显不合法或明显不合理（如安置补偿明显存在遗漏、明显低于安置补偿方案确定的标准或是安置补偿明显无法保障被征收人的正常生活）等。

最后，责令交出土地决定作出后，由于自然资源主管部门在这个问题上没有强制执行权，只能申请人民法院强制执行，因此，从性质上看，责令交出土地决定属于《行政强制法》第五十五条第一款第二项规定的作为强制执行前提的"行政决定书"。这一点，也可以印证责令交出土地决定的行政决定或者说其作为一个独立的行政行为的属性。对此，当事人不仅可以提出诉讼或复议，而且根据《行政强制法》第五十三条的规定，自然资源主管部门只有在当事人不履行责令交出土地决定，又不在法定期限内提出复议或诉讼之后的六个月内，才能申请人民法院强制执行。

通过以上分析不难得出如下结论：征收决定与责令交出土地决定是针对对象不同、所处阶段不同、合法性要素不同的两个独立的行政决定。在征收决定作出并实施后，被征收土地的使用权，可以通过被征收人接受补偿，自行交出土地的方式转移，也可能通过行政机关作出责令交出土地决定并申请法院强制执行的方式转移，还有可能通过由行政机关认定违章建筑，并依法拆除的形式实现转移。因此，责令交出土地并不是征收决定的必然延续，作为一种具有相对独立性的行政决定，它是可诉的。至于责令交出土地其是否属于行政处罚，答案是否定的。作为一个具有独立内容的行政决定,它为被征收人创设的权利义务是第一性的,与作为第二性义务的行政处罚具有比较明显的区别。

【需注意的问题】

《土地管理法实施条例》第二十五条第三款规定:"对补偿标准有争议的,由县级以上地方人民政府协调;协调不成的,由批准征收土地的人民政府裁决。征地补偿、安置争议不影响征收土地方案的实施。"根据这一规定,安置补偿虽然是责令交出土地的前提,但对于征地实施部门来讲,相关争议却并不影响土地征收行为的进行。那么,这是否与我们前面谈到的"先补偿、后征收"的原则相冲突呢?答案是否定的。这里的"不影响征收土地方案的实施"主要是就征收实施单位而言,而不包括人民法院。具体来说,虽然安置补偿争议以及相应的协调、复议等程序不影响征收部门征收行为的实施,但是,如果因为安置补偿争议未能解决,导致被征收人拒不交出土地,则根据《土地管理法实施条例》和《行政强制法》的有关规定,实施征收行为的行政机关只能通过申请人民法院强制执行的方式,来使征收行为继续下去。此时,人民法院在裁定是否准许强制执行时,必须要依据《最高人民法院关于审理涉及农村集体土地行政案件若干问题的规定》第十四条的规定进行审查,从而使得是否对被征收人进行了合法安置补偿成为影响征收行为能否最终完成的重要因素。

当然,该条规定的"无正当理由拒绝接受安置补偿"中"正当理由"的标准与前述行政机关所要遵守的标准是一致的,即征收人与被征收人达成安置补偿协议,或是依据无明显不当的安置补偿方案作出了补偿决定、复议决定,将补偿安置费用进行了提存。在非诉审查程序中,人民法院对补偿安置等行为的审查,根据《最高人民法院关于适用〈中华人民共和国行政诉讼法〉的解释》(以下简称《行诉解释》)第一百六十一条的规定,主要是"明显"违法标准,即实施主体是否不具有行政主体资格的;是否明显缺乏事实根据的;是否明显缺乏法律、法规依据的;是否有其他明显违法并损害被执行人合法权益的情形。换句话说,审查责令交出土地决定的合法性,虽然也包括征收部门是否对被征收人进行了合法安置,但审查的标准是是否存在前文所说的没有补偿安置,或是补偿安置明显低于安置补偿方案等“重大明显”违法情形，而不能仅仅因为被征收人对安置补偿有争议就裁定不准予执行。这并不意味着对补偿安置问题的忽略，而是一种利益的权衡，即在被征收人已经按照经过征求意见、层层审批而形成的安置补偿方案取得或实际能够取得补偿安置，从而确保其失地后的正常生产生活不会受到严重影响的情况下，应当保证征地工作的整体进度。当然，如果被征收人此时已经就征地实施行为或是安置补偿标准等依法提起诉讼，而相关案件正在审理当中，则由于涉诉内容属于人民法院是否准予强制执行的审查对象，一般情况下，在另案的诉讼期间，土地管理部门提交的责令交出土地决定不会被裁定准予执行。

【相关案例】

董某诉济南市市中区人民政府（以下简称区政府）、济南市国土资源局市中分局（以下简称市中国土分局）、济南市市中区人民政府兴隆街道办事处（以下简称办事处）《责令限期交出土地通知书》案*

基本案情：因济南市二环东路南延工程用地的需要，2015年6月4日，济南市人民政府发布《济南市人民政府拟征收土地公告》（济拟征公告〔2015〕96号），拟征收济南市市中区兴隆街道办事处搬倒井村土地共1个地块。2015年10月26日，济南市国土资源局公示《济南市国土资源局关于搬倒井村拟征收土地补偿方案》，原告董某的住宅房屋位于征收红线范围内。2015年12月3日，市中区二环东路工程指挥部、办事处向原告发出《关于搬倒井村村民宅基地房屋拆迁补偿方案通告》。2015年12月4日，济南市市中区二环东路工程建设指挥部、市中国土分局、办事处联合向原告下发《责令限期交出土地通知书》。原告认为该《责令限期交出土地通知书》违反法定程序，侵犯了原告的合法权益，诉至原审法院，请求确认《责令限期交出土地通知书》违法。另查明，至原告起

---

* （2016）鲁行终1183号。

诉时,涉案土地征收尚处于审批过程中。

裁判摘要:通知根据其内容有着不同的功能,其对公民、法人或者其他组织是否产生实际影响也因内容而异。一方面,本案三被告作出的《责令限期交出土地通知书》具有特定的具体内容,即要求原告于二日内清理地上附着物并交出土地,该内容为原告增设了义务,限制了原告对涉案房屋继续居住或使用的权利,对原告的权利义务产生实际影响。另一方面,该通知内容并不被被告作出的其他行政行为所包含,也不是重复引述其他行政决定的内容,而是独立对外产生实际影响。故本案《责令限期交出土地通知书》属可诉行政行为,区政府土地分局和办事处等关于涉案通知书仅起督促作用、系阶段性告知行为、不具有可诉性的主张不能成立,不予支持。

3 责令交出土地决定在内容上是否可以包含安置补偿决定

【问题的由来】

目前,我国《土地管理法》及其实施条例没有对征收过程中安置补偿行为明确具体载体,也就是没有对安置补偿决定作出明确规定。《土地管理法实施条例》虽然在第二十五条第三款规定了补偿争议的处理方式,即对补偿标准有争议的,由县级以上地方人民政府协调;协调不成的,由批准征收土地的人民政府裁决。但是,一方面,该规定没有明确补偿标准的载体是什么,从而使被征收人陷入应当对安置补偿方案,还是对最终的补偿行为抑或二者一并申请救济的困惑中;另一方面,该规定也没有明确安置补偿的具体形式,更没有赋予市、县级人民政府或是其自然资源主管部门可以在无法达成安置补偿协议的情况下,作出安置补偿决定的职权。在此情况下,根据行政管理领域行政机关"法无授权不可为"的一般理论共识,征收部门在作出责令交出土地决定时,就有可能面临与被征收人达成协议和与被征收人事实上处于僵持状态两种情况,而后一种情况无疑会给对责令交出土地决定进行审查的相关部门判断行政机关是否,以及如何对被征收人进行了安置补偿带来很大麻烦。因此,为了明确安置补偿的具体内容,同时又不违反"法无授权不可为"的一般理论,使安置补偿决定有一个合法的"外衣",有的地方在实践当中就将具体的安置补偿内容融入责令交出土地决定中,形成了安置补偿决定与责令交出土地决定"二合一"的行政行为。例如,《上海市征地房屋补偿争议协调和处理试行办法》第十二条规定:"区(县)土地管理部门按照本办法第十一条规定作出的责令交出土地决定应当包括以下内容：（一）区（县）征地事务机构、被补偿人等基本情况；（二）征地批准文件、征地房屋补偿方案、建设项目名称等；（三）争议事项；（四）争议协调情况；（五）具体补偿方案；（六）实施补偿情况；（七）责令搬迁和交出土地的期限；（八）告知被补偿人行政复议、行政诉讼的权利及期限。”对此，上海市有关行政机关虽然认为具体补偿方案是征地事务机构与被补偿人协商谈判的结果，不需要任何行政机关审批，因此，一般不视为行政行为。但实际上，针对责令交出土地决定书提起行政复议或行政诉讼时，相关部门会对决定书中所载具体补偿方案进行一并审查。由此，责令交出土地决定中是否可以包含安置补偿的内容，就成为一个颇具争议的话题。

【不同观点】

一种观点认为，《土地管理法实施条例》第二十五条第三款以及《最高人民法院关于审理涉及农村集体土地行政案件若干问题的规定》第十条均规定，被征收人对安置补偿有异议，可以首先由县级以上地方人民政府协调；协调不成的，由批准征收土地的人民政府裁决或者复议。因此，将安置补偿处理意见，规定在责令交出土地决定中，剥夺了被征收人对补偿安置争议请求协调、裁决的权利，是不合法的。

另一种观点认为，责令交出土地的前提是落实对被征收人的安置补偿，而在责令交出土地决定中加入安置补偿的内容，可以明确被征收人可获得的安置补偿内容，有利于维护被征收人安置补偿的合法权益，是可行的。

【裁判思路与裁判规则】

首先，在目前《土地管理法》及其实施条例没有对安置补偿的具体载体作出明确规定的情况下，应当肯定借助责令交出土地决定将安置补偿内容明确化、具体化的动机和努力方向。但同时，也应当认识到这一做法的无奈和缺憾：由于《土地管理法实施条例》明确赋予了被征收人对补偿安置争议请求协调、裁决的权利，同时也将其作为人民法院受理此类案件的前置条件。因此，将征地补偿决定规定在责令交出土地决定中，并直接就后者提起诉讼，事实上确实是剥夺了被征收人对补偿安置争议请求协调、裁决的权利,同时也有可能违反安置补偿争议类案件中涉及安置补偿方案及其标准类案件的受理程序。

即使我们将对征地补偿方案和标准的争议与对具体补偿决定的争议分开处理,并允许后者与责令交出土地合二为一进行诉讼,也仍然要面临以下困境:首先,一旦征地安置补偿方案及其标准被其他救济程序所否定或修改,从而需要根据新的安置补偿标准重新作出补偿决定,此时应当如何处理其与已经审查了包含有具体征收补偿决定的责令交出土地案的羁束关系,就会成为一个很难解决的问题。其次,“一案一诉”是行政诉讼的一般要求,新修订的《行政诉讼法》据此对当事人的起诉行为作出了相应的规定。如果允许将安置补偿行为与责令交出土地行为合二为一,那么审判组织如何确定单个案件中的诉讼标的和审查对象,也是在理论上无法准确回答的问题。最后,本书前文已经谈及,在对责令交出土地案件的审查过程中,固然需要对是否进行合法安置进行审查,但是,审查的标准与专门针对安置补偿行为提起的诉讼中的审查标准是不一样的。前者是重大明显违法标准,而后者则是行政行为的合法性审查标准。如果出现前文所说的征地补偿方案及其标准被其他救济程序所否定或修改的情况,那么应当如何判定责令交出土地案的对错呢?鉴于以上原因,我们原则上不建议征地机关采取将安置补偿决定与责令交出土地决定二者合二为一的做法,但是鼓励征地机关单独作出征地补偿决定,以明确安置补偿的具体内容。

【相关案例】

张某诉吉林省长春市二道区人民政府(以下简称二道区政府)责令交出土地决定案*

基本案情:2012 年 12 月 31 日,经吉林省人民政府批准,原吉林省国土资源厅作出吉国土资耕函〔2012〕810 号《关于长春市人民政府 2012 年城市建设用地农用地转用和土地征收实施方案 21 的批复》,张某使用的土地在该批复征收

* (2017)最高法行申 7414 号。

范围内。因土地征收实施部门未能与张某达成安置补偿协议,2016 年 5 月 3 日,二道区政府作出二政责决字(2016)34 号责令交出土地决定(以下简称 34 号决定)。决定中确定了张某的房屋面积及补偿金额,告知仅可就补偿异议向二道区房屋征收经办中心咨询,且须在收到该决定之日起十日内与房屋征收部门二道区住房和城乡建设局签订征收补偿协议。同时,限张某在收到决定之日起,十五日内腾空房屋,履行搬迁义务,交出房屋等附着物及土地。张某不服该决定向该院提起行政诉讼。

裁判摘要:本案中,张某未与土地征收实施部门达成补偿安置协议,其补偿安置问题应当先行经协调、裁决程序解决。二道区政府在 34 号决定中确定了张某的房屋面积及补偿金额,告知仅可对补偿异议向二道区房屋征收经办中心咨询,且须在收到该决定之日起十日内与房屋征收部门二道区住房和城乡建设局签订征收补偿协议。该项内容实质为征地补偿处理意见,规定在责令交出土地决定中,剥夺了张某对补偿安置争议请求协调、裁决的权利。仅就该项内容,34 号决定即违反法律、法规规定,判决予以撤销。

4 对征收土地公告提起的诉讼是否应当受理

【问题的由来】

根据《土地管理法》以及相关规定，征收土地公告，是征地批准机关作出征收土地决定后的法定公示程序。实践当中，由于对征收土地公告的内容、性质，及其是否对被征收人的权利义务产生直接影响认识不一，导致对于被征收人就土地征收公告提起的诉讼是否应当受理，存在一定争议。

【不同观点】

第一种观点认为，《土地管理法实施条例》第二十五条规定："征收土地方案经依法批准后，由被征收土地所在地的市、县人民政府组织实施，并将批准征地机关、批准文号、征收土地的用途、范围、面积以及征地补偿标准、农业人员安置办法和办理征地补偿的期限等，在被征收土地所在地的乡（镇）、村予以公告。"据此，征收公告系征收决定的法定送达方式，目的在于告知被征收人及利害关系人征收决定的相关内容，本身并没有为被征收人创设新的权利义务，对被征收人及其他利害关系人不产生实质性影响。因此，征收公告行为不属于行政诉讼的受案范围，不具有可诉性。

第二种观点认为，在集体土地征收与补偿活动全过程中，省、市、县级人民政府以及市、县级人民政府确定或委托的有关部门可能分别在征收与补偿的不同阶段实施多种内容不同、性质不同的行为，这些行为并非全都需要通过独立的司法审查程序来评价相应行为的合法性问题。公告行为即是如此，它本身属于不具有独立法律地位的程序性行为，对于这一行为的合法性，应当作为征收行为或补偿行为的要件进行审查,而不应独立成诉、分别进行。

第三种观点认为,土地征收公告虽以土地征收审批的存在为前提,但却是一个独立的行政行为,对利害关系人的权利义务能够产生实际影响。《土地管理法》第四十六条、《土地管理法实施条例》第二十五条、《征收土地公告办法》第四条等对征收公告行为的职权主体、行为时限、行为内容等方面均进行了专项调整,任何一项不合乎法律规定,都将导致土地征收行为违法,甚至会导致征收土地批复不生效。在这种情况下,必将发生被征收人权利项下土地不得被违法征收的法律后果。因此,土地征收公告行为是完全独立的行政行为,并对当事人的实体权益产生实际影响。当事人因不服土地征收公告申请行政复议或提起行政诉讼的相关部门,应依法受理并对土地征收公告的合法性进行审查,土地征收公告具有可诉性。

第四种观点认为,目前,在省级人民政府征地批复被认为不可诉的情况下,如果继续认为市、县人民政府的征地公告行为也不可诉,客观上就使得征地行为规避了司法审查,难以确保《土地管理法》和中央政策的顺利实施。因此,只要市、县级人民政府作出农村集体土地征收决定,就应当将征收土地公告视为农村集体土地征收决定的载体,将其纳入行政诉讼受案范围。在对该案件进行合法性审查时,将集体土地征收报批前的告知、调查、确认、听证等程序行为,市、县人民政府的报批行为均纳入审查范围。从而实现以征地公告为载体,对土地征收决定的合法性包括程序合法性进行全面审查,以充分保障土地权利人的合法权益。此种观点实际上是征地批复可诉观点的替代解决方案。

【裁判思路与裁判规则】

关于征地公告是否可诉,要从征地公告的法律属性入手加以分析。在现行法律体制下,征地公告实际上承载了三个方面的功能:一是告知,即根据《土地管理法实施条例》第二十五条的规定,将征地批复或者说征地决定所确定的征收土地的用途、范围、面积以及征地补偿标准、农业人员安置办法和办理征地补偿的期限等告知被征收人,满足后者基于知情权而产生的权利诉求;二是通知,即根据《征收土地公告办法》第五条第四项以及第六条的规定,通知被征收人办理征地补偿登记的期限、地点，以使被征地农村集体经济组织、农村村民或者其他权利人在征收土地公告规定的期限内持土地权属证书到指定地点办理征地补偿登记手续；三是送达，即根据行政行为效力的一般理论，将征地批复送达被征收人，以使征地批复对外发生法律效力。

首先，从告知功能角度来看，如果征地公告仅仅是将征地批复的内容告知被征收人，本身没有为被征收人创设新的权利义务，那么根据《行诉解释》第一条第二款第十项的规定，其显然不属于行政诉讼的受案范围。但是，如果征地公告的内容超出了征地批复的范围，或是根本没有征地批复作为公告的依据，那么在此情况下，征地公告显然不仅仅是一个告知行为，而是直接为被征收人创设权利义务的行为，在性质上也就成为一个独立可诉的行政决定。尤其是在征地公告发布时，征地批复尚未作出的情况下，征地公告实际上是将征收决定与征收告知行为合二为一，从而直接对被征收人及其他利害关系人的权利义务产生了实际影响。当事人对此类征收公告提起诉讼，实质上就是对以公告形式表现出来的征收决定提出异议，而此类征收决定往往存在超越或是滥用职权的问题，人民法院应当将其作为诉讼对象予以审理。相反，如果征收部门没有依法履行告知义务，被征收人就无法对征地行为是否经过相关机关批准、自己使用的集体土地是否属于被征收对象以及征地机关是否就安置补偿事项进行了安排等涉及征地行为合法性的关键问题作出判断，从而在事实上无法行使行政复议法赋予被征收人的就征地决定提起复议的权利，从而可能对被征收人的实体权利产生了影响。

其次，从通知功能角度来看，如果征收部门没有依法履行《土地管理法实施条例》第二十五条第二款以及《征收土地公告办法》第五条第四项规定的通知职责，那么被征收人就可能无法或者顺利地将被征收的土地和附着物等相关财产进行登记，甚至还有可能导致征收部门按照《征收土地公告办法》第六条第二款的规定，径行以市、县级土地行政主管部门的调查结果作为征地补偿标准，从而剥夺被征收人参与权的情况。可见，欠缺这一环节，客观上可能对征收过程中被征收人的财产利益转化为安置补偿利益这一涉及自身切身利益的重要过程产生不利影响，这显然属于行政诉讼法规定的对其权利义务产生实际影响的情形。

最后,从送达功能角度来看,行政行为未经送达对相对人不发生法律效力,是行政行为效力理论中的一个基本常识。这意味着,虽然送达只是一个程序性行为,但如果送达环节严重违法,如公告的主体不适格、公告的时间和地点不合法等,就有可能导致征地决定这一行政行为在事实上不对被征收人发生效力,后者可以拒绝配合实施该征地决定。基于上述理论,《征收土地公告办法》第十四条规定:“未依法进行征收土地公告的,被征地农村集体经济组织、农村村民或者其他权利人有权依法要求公告,有权拒绝办理征地补偿登记手续。”这里赋予了被征收人在征收决定未依法公告情况下,对征地后续实施行为的拒绝权,实际上就是表明了“无公告,征地行为不生效”这一基本理念,反过来说,这也是赋予了被征收人要求征收部门依法履行公告职责的权利,应当受到行政诉讼法的保护。

综上,征地公告行为是否可诉,本身不可一概而论,需要结合案件具体情况具体分析:如果被征收人以征地公告超出征地批复范围或是“未批先征”为由,就征地公告提起诉讼,并能够依据《行政诉讼法》第四十九条的规定,提供初步的事实根据,立案部门应当登记立案,将案件交由审判部门进行审查。如果经审查,认定征地公告仅是一个单纯的告知行为,在内容上没有超出征地批复,则可以根据《行诉解释》第六十九条第八项的规定,裁定驳回起诉;而如果发现征地公告存在超出批复范围、未经合法审批、未告知补偿登记事宜、送达程序严重违法等情形,则应当根据不同的违法性作出相应的实体判决。如果当事人以征收人未依法履行公告职责为由,起诉要求履行公告职责或是确认未予公告的行为违法,则应当将不公告行为的可诉性与当事人是否具有诉讼利益结合起来对起诉应否受理作出综合判断。具体来说,如果当事人已经就征收行为、补偿行为提起诉讼,或是通过信息公开途径知晓了公告的内容,则不予公告行为一般不会单独对被征收人造成不法侵害,公告所涉及的征收或补偿问题,通常可以在诉征收或补偿的相关案件中一并得到解决。在此情况下,单独请求确认不公告行为违法的诉讼利益不充分,应当考虑裁定驳回起诉;如果当事人尚未就其他征收行为提起诉讼,也没有证据表明其知晓了公告内容,则可以首先引导当事人“一揽子”的就具体的征收或补偿行为提起诉讼,以达到实质解决行政争议的目的；而在当事人拒绝就征收或补偿行为提起诉讼或是单独提起信息公开申请，且以知晓公告内容，方能判断征收或补偿行为是否合法，从而确定权利救济途径的情况下，如其起诉符合《行政诉讼法》第四十九条的规定，可予立案审查。但如果当事人已经明知征地行为没有国务院或省政府征地批复，系违法占地行为，则应当引导当事人就违法征收行为直接提起复议或诉讼，而不宜单独确认未公告的行为违法。

【需注意的问题】

值得注意的是，2019 年 8 月 26 日第十三届全国人民代表大会常务委员会第十二次会议表决通过的《关于修改〈中华人民共和国土地管理法〉、〈中华人民共和国城市房地产管理法〉的决定》在土地征收程序方面的规定修改如下："（十八）将第四十六条、第四十八条合并，作为第四十七条，修改为：'国家征收土地的，依照法定程序批准后，由县级以上地方人民政府予以公告并组织实施。''县级以上地方人民政府拟申请征收土地的，应当开展拟征收土地现状调查和社会稳定风险评估，并将征收范围、土地现状、征收目的、补偿标准、安置方式和社会保障等在拟征收土地所在的乡（镇）和村、村民小组范围内公告至少三十日，听取被征地的农村集体经济组织及其成员、村民委员会和其他利害关系人的意见。''多数被征地的农村集体经济组织成员认为征地补偿安置方案不符合法律、法规规定的，县级以上地方人民政府应当组织召开听证会，并根据法律、法规的规定和听证会情况修改方案。''拟征收土地的所有权人、使用权人应当在公告规定期限内，持不动产权属证明材料办理补偿登记。县级以上地方人民政府应当组织有关部门测算并落实有关费用，保证足额到位，与拟征收土地的所有权人、使用权人就补偿、安置等签订协议；个别确实难以达成协议的，应当在申请征收土地时如实说明。''相关前期工作完成后，县级以上地方人民政府方可申请征收土地。'"我们可以看到，《土地管理法》修改并施行后，签订补偿安置协议的工作总体上挪移到了征地报批前，绝大多数被征收人在征地决定作出前已经知情并同意补偿方案。在这一前提下，征地决定作出后，由县级以上地方人民政府作出的征地公告通常情况下就是一种不创设权利义务的告知，尤其对于征地前已经签订了补偿安置协议的被征地农民而言,是否有权提起复议或诉讼,答案应当是否定的。

【相关案例】

1. 王某等119人诉陕西省西安市人民政府(以下简称西安市政府)征收土地方案公告案*

基本案情:2006年10月13日,陕西省人民政府下发《关于长安区2005年度第四批次农用地转用和土地征收的批复》,同意将西安市长安区土地利用总体规划确定的城市建设用地规模范围内滦镇街道办事处上滦村、下滦村、翁家寨村,子午街道办事处子午西村等有关村组集体农用地27.412公顷依法征收为国有,转为建设用地。2006年11月1日,西安市政府发布《征收土地方案公告》(〔2006〕第89-1号,以下简称89-1号征收土地方案公告),并在上滦村、下滦村、翁家寨村、子午西村等村予以公告。王某等119人对该公告不服,提起本案行政诉讼。

裁判摘要:根据《最高人民法院关于适用〈中华人民共和国行政诉讼法〉若干问题的解释》第三条第一款第八项的规定,对公民、法人或者其他组织合法权益明显不产生实际影响的行为,不属于行政诉讼受案范围。通常情况下,公告只是一种单纯的公示行为,其目的是将公告中载明的内容进行告知发布,其本身并不创设新的权利义务,对被告知人的合法权益明显不产生实际影响,不具有可诉性。但是,如果公告为当事人设定了新的权利义务,当事人对该部分内容不服提起的诉讼应该属于行政诉讼受案范围。具体到本案,89-1号征收土地方案公告只是将经陕西省人民政府批准的征收土地方案的内容和办理征地补偿登记的事项等进行了告知发布,没有为被征收人创设新的权利义务,对其合法权益明显不产生实际影响,因此不具有可诉性。一审裁定以此为由驳回王某等119人的起诉,二审予以维持,并无不当。

---

* (2017)最高法行申4636号。

2. 刘某诉广东省广州市从化区人民政府（以下简称从化区政府）征收土地公告及行政赔偿案*

基本案情：2005 年 2 月 24 日，经广东省人民政府同意，广东省国土资源厅作出粤国土资（建）字〔2005〕44 号《关于从化市 2003 年度第三批次城镇建设用地的批复》（以下简称 44 号批复），同意广州市人民政府上报的农用地转用和征收土地方案。2006 年 12 月 18 日，从化区政府发布从府〔2006〕75 号《征用土地公告》（以下简称 75 号公告），对 44 号批复中的第十三号地块在网上予以公告，公告内容包括批准文号、建设用地项目名称、征收土地位置、被征地村及面积、土地补偿安置标准等事项。刘某的承包地在本次公告征收范围内。2015 年 6 月，刘某提起行政诉讼，认为征收公告范围与征地批复不一致，请求确认从化区政府发布征收土地公告、批准发布征收补偿安置方案以及清障活动等征收行为违法；停止非法建设行为、恢复土地原状，赔偿经济损失 147800 元。

裁判摘要：通常情况下，市、县人民政府根据省级人民政府征地批复作出的征地公告行为，仅仅是对征地批复内容的告知，是一个对当事人的权利义务不产生实际影响的程序性行为，不属于行政诉讼的受案范围。但是，如果被征收人以征收公告范围与征地批复不一致为由，对征收公告提起行政诉讼，并提供初步事实根据的，人民法院就不能以前述理由简单裁定不予立案或驳回起诉。刘某起诉的理由即是如此，所以本案不能以 75 号公告属于对被征收人权利义务不产生实际影响的程序性行为为由不予受理。

* （2017）最高法行申 6927 号。

5 对安置补偿方案公告提起的诉讼是否应当受理

【问题的由来】

实践中,由于对安置补偿方案公告行为的性质,以及公告或不公告行为是否会对当事人的权利义务产生实际影响存在不同认识,故而对于安置补偿方案公告行为或是不履行安置补偿方案公告的行为是否可诉,存有争议。

【不同观点】

一种观点认为,征地安置补偿方案公告只是发布自然资源主管部门拟定的、尚需批准的补偿安置方案的载体,属于征地过程中的告知行为,不会对被征收人的补偿安置权益产生直接影响。同理,不公告行为当然也不会对当事人的权利义务产生影响。

另一种观点认为,安置补偿方案公告不具有可诉性,不能当然地推论得出不公告行为也不具有可诉性。但是,公告行为只是一个过程性行为,在征收过程中,被征收人的实体权利主要集中在补偿安置的具体实施阶段,故允许其对不公告行为提起诉讼没有实际意义,该行为不可诉。

还有一种观点认为,安置补偿方案公告是《土地管理法》及其实施条例规定的市、县级人民政府土地管理部门应当履行的法定职责。该项职责的履行涉及被征收人包括知情权、参与权在内的多项合法权益,且会对后续补偿安置利益产生实质影响,故不履行安置补偿方案公告的行为属于典型的不履行职责行为,该行为可诉。

【裁判思路与裁判规则】

《土地管理法》第四十八条规定:“征地补偿安置方案确定后,有关地方人民政府应当公告,并听取被征地的农村集体经济组织和农民的意见。”《土地管理法实施条例》第二十五条第三款规定:“市、县人民政府土地行政主管部门根据经批准的征收土地方案,会同有关部门拟订征地补偿、安置方案,在被征收土地所在地的乡(镇)、村予以公告,听取被征收土地的农村集体经济组织和农民的意见。”《征收土地公告办法》第七条规定:“有关市、县人民政府土地行政主管部门会同有关部门根据批准的征收土地方案,在征收土地公告之日起 45 日内以被征收土地的所有权人为单位拟订征地补偿、安置方案并予以公告。”上述法律规范,为市、县人民政府自然资源主管部门设定了将征地补偿、安置方案进行公告的法定职责。从内容上看,《征收土地公告办法》第八条规定:“征地补偿安置方案公告应当包括下列内容:(一)本集体经济组织被征收土地的位置、地类、面积,地上附着物(含房屋等,下同)和青苗的种类、数量,需要安置的农业人口的数量;(二)土地补偿费的标准、数额、支付对象和支付方式;(三)安置补助费的标准、数额、支付对象和支付方式;(四)地上附着物和青苗的补偿标准和支付方式;(五)农业人员的具体安置途径;(六)其他有关征地补偿、安置的具体措施。”从上述内容看,征地补偿、安置方案公布的内容对于被征收人来说,涉及切身的补偿安置利益,因此,还是非常重要的。但是我们知道,行政行为的可诉性,不仅取决于实体内容,还取决于它是否直接对相对人发生法律效力,也就是说,在程序上它是否直接对外生效。对此,《土地管理法实施条例》第二十五条第三款规定:“市、县人民政府土地行政主管部门根据经批准的征收土地方案,会同有关部门拟订征地补偿、安置方案,在被征收土地所在地的乡(镇)、村予以公告,听取被征收土地的农村集体经济组织和农民的意见。征地补偿、安置方案报市、县人民政府批准后,由市、县人民政府土地行政主管部门组织实施。对补偿标准有争议的,由县级以上地方人民政府协调;协调不成的,由批准征收土地的人民政府裁决。”《征收土地公告办法》第九条规定:“被征地农村集体经济组织、农村村民或者其他权利人对征地补偿、安置方案有不同意见的或者要求举行听证会的,应当在征地补偿、安置方案公告之日起10个工作日内向有关市、县人民政府土地行政主管部门提出。”第十条规定:“有关市、县人民政府土地行政主管部门应当研究被征地农村集体经济组织、农村村民或者其他权利人对征地补偿、安置方案的不同意见。对当事人要求听证的,应当举行听证会。确需修改征地补偿、安置方案的,应当依照有关法律、法规和批准的征收土地方案进行修改。”从上述规定体现出的安置补偿方案公告的程序看,我们通常所说的“两公告”意义上的安置、补偿方案公告,并不是一个直接对被征收人发生法律效力的文件,或者说,这里的征地补偿、安置方案并非是最终作为实施依据的方案。它在征求完被征地农村集体经济组织、农村村民或者其他权利人的意见,并报市、县人民政府批准后,才能作为安置补偿工作的标准。因此,单就安置、补偿方案公告而言,该行为属于为作出行政行为而实施的准备、论证等过程性行为。依照《行诉解释》第一条第二款第六项之规定,不属于行政诉讼受案范围。

但是,公告行为不属于受案范围,并不等于不公告行为也必然不属于受案范围。自然资源主管部门的该项职责履行与否,关系到农村集体经济组织及其成员以及相关利害关系人在集体土地征收过程中的知情权、参与权、听证权和补偿请求权,这些权利均事关被征地集体经济组织和农民能否依法获取安置、补偿的切身利益。事实上,如果安置、补偿方案不依法进行公告,集体土地的被征收人很有可能无法确知自身应得的安置补偿项目、标准、数额、奖励等相关信息,更不用说通过复议或是诉讼等救济渠道对最终获得的补偿安置利益的合法性进行判断并在此基础上进行有效救济。因此,安置补偿方案的公告行为虽然并没有直接对被征收的权利义务产生不利影响,但是不公告行为则有可能影响到被征收人复议或诉讼权利的行使,从而影响其合法安置补偿利益的实现。正因如此,《征收土地公告办法》第十四条第二款规定:“未依法进行征地补偿、安置方案公告的,被征地农村集体经济组织、农村村民或者其他权利人有权依法要求公告,有权拒绝办理征地补偿、安置手续。”

当然,与征地公告行为的可诉性问题一样,我们在具体判断一个要求履行安置补偿公告职责或是确认未履行安置补偿方案行为违法的诉请是否应当被受理时,还应当综合考虑诉讼利益问题。如果当事人事实上已经知晓补偿标准,并对补偿标准或是最终的安置补偿行为提起了诉讼,则应当引导其在相关诉讼中一并解决相关争议。如果其尚未就上述问题提起诉讼,也没有证据表明其通过其他途径知晓了公告内容,而知晓安置补偿标准事实上构成其救济自身权利的必经程序,则应当认定市、县级人民政府土地管理部门不履行安置、补偿方案公告的法定职责,与农村集体经济组织及其成员具有法律上的利害关系,自然资源主管部门不履行公告职责的,属于行政诉讼的受案范围。

【需注意的问题】

2020 年 1 月 1 日起施行的修改后的《土地管理法》,将征地公告修改为征收前公告和征收后公告两个公告。原《土地管理法》规定的批准征收后实施的安置补偿公告,修改为征地批准前公告,多数被征地的农村集体经济组织成员对征地补偿安置方案有异议的,应当召开听证会修改。这一规定以倡导和谐征地为宗旨,进一步落实了被征地的农村集体经济组织和农民在整个征地过程中的知情权、参与权和监督权。县级以上地方人民政府在征地报批前,必须与拟征收土地的所有权人、使用权人就补偿安置等协商,并尽可能签订协议。新法实施后,吸纳了旧法中安置补偿公告的征地批前公告的可诉性将在行政和司法实践中得到新的检验。

【相关案例】

1. 郑某诉重庆市沙坪坝区人民政府(以下简称沙坪坝区政府)未发布征地补偿安置方案公告违法案*

基本案情:2015 年 9 月 25 日,郑某向重庆市第一中级人民法院提起诉讼称,2009 年至 2010 年沙坪坝区政府委托重庆西部现代物流园管理委员会征收

* (2017)最高法行再 50 号。

重庆市沙坪坝区土主镇大批的土地，导致其土地遭到灭失，房屋宅基地、厂房被拆除。沙坪坝区政府征收土地未发布征收补偿安置方案公告，违反了相关法律规定，请求法院判决确认沙坪坝区政府征收其土地时未发布征地补偿安置方案公告违法。

裁判摘要：补偿安置方案涉及农村集体经济组织及成员（包括被征地户）的切身利益，公告发布后，农村集体经济组织及成员（包括被征地户）对补偿方案均可能有不同的意见，为了更好地听取各方面的意见，法律要求补偿安置方案予以公告。故公告补偿、安置方案是土地征收过程中的法定程序，且同时涉及农村集体经济组织和村民个体的安置补偿权，该行为可诉。

2. 冯某诉包头市东河区人民政府（以下简称东河区政府）、包头市人民政府（以下简称包头市政府）不履行征用土地公告、征地补偿安置方案公告职责案*

基本案情：2014 年 8 月 1 日东河区政府作出对北梁棚户区集体土地上房屋征收决定，征收包括王家圪旦村等 10 个村集体土地地上物，并对该决定进行公告。冯某系王家圪旦村的迁入居民并在该村拥有房屋，2014 年 10 月 21 日冯某与东河区住房保障和房屋管理局签订了房屋征收产权调换安置协议。另查明，2016 年 9 月 29 日冯某通过邮寄的方式向东河区政府申请政府信息公开，包括王家圪旦村的征用土地方案批准文件，征用土地补偿、安置方案，东河区政府未予答复。冯某于 2016 年 11 月 3 日提起行政诉讼，受诉法院于 2016 年 12 月 16 日作出行政判决，责令东河区政府答复。东河区政府于 2017 年 4 月 14 日作出答复，由于冯某拒绝领取，东河区政府于 2017 年 9 月 7 日将该答复及北梁棚户区集体土地上房屋征收决定公告、集体土地及地上物征收补偿方案邮寄送达冯某，2017 年 9 月 8 日冯某收到上述文件。冯某提起本案诉讼，请求判令被告没有在王家圪旦村进行关于北梁棚改征用土地公告和征地补偿安置方案公告的

---

* （2018）最高法行申 6310 号。

行政不作为违法。

裁判摘要:再审申请人因认为再审被申请人未履行发布征用土地公告和征地补偿安置方案公告职责,提起本案诉讼,请求确认该行政不作为违法。根据原审法院查明的事实,再审申请人已通过申请政府信息公开的方式获取了涉案征收公告和征收补偿方案,其亦已签订房屋征收产权调换安置协议并获得了置换房屋和补偿款,故再审申请人在本案中已不具有诉的利益,本案启动再审已无必要。再审申请人如对补偿有异议,应循其他途径解决。

6 涉及土地征收行为的滥诉案件应当如何处理

【问题的由来】

在土地征收过程中，一些被征收人为获得更多的补偿利益，往往在征收过程中，围绕各个阶段的征收行为提出大量的诉讼。此类诉讼的真实目的，并非单纯获得案件的胜诉，而是以诉讼作为手段向政府或有关部门施压，以期实现更大的安置补偿利益。对于此类案件人民法院是否应该受理，以及受理后的处理方式，实践中存有一定争议。

【不同观点】

一种观点认为，以诉讼目的来判断案件是否应当受理没有法律依据，且容易造成随意侵害相对人诉权的后果，因此，对此类案件应当依法受理。如其确实不符合受理条件，可以依法裁定驳回起诉或不予立案。

另一种观点认为，对于缺乏诉的利益，试图通过对政府和法院施压以获取不当利益的诉讼行为，目的不当，有悖诚信原则。不但影响征收工作的正常进行，而且对司法资源造成了巨大浪费。该类诉讼不具有诉权保护的必要性，人民法院应不予受理。

【裁判思路与裁判规则】

我国行政诉讼制度建立以来，保护诉权，扩大受案范围始终是行政诉讼发展的一个主要方向。在这个大背景下，极低的诉讼费用，特别是 2015 年以来立案登记制的施行，更使行政案件呈现出井喷式的增长，人民群众反映强烈的“立案难”问题得到有效解决。但与此同时,滥用诉权和程序空转现象所导致的司法资源浪费问题日益严重。对此,最高人民法院行政审判庭于 2017 年 8 月 31 日印发了《关于进一步保护和规范当事人依法行使行政诉权的若干意见》,该意见列举了若干滥诉行为,包括:对于起诉事项没有经过法定复议前置程序处理、起诉确已超过法定起诉期限、起诉人与行政行为之间确实没有利害关系[①]等明显不符合法定起诉条件的;没有新的事实和理由,针对同一事项重复、反复提起诉讼,或者反复提起行政复议继而提起诉讼等违反“一事不再理”原则的;当事人在诉讼中确实不具有值得保护的实际权益的;以危害国家主权和领土完整、危害国家安全、破坏国家统一和民族团结、破坏国家宗教政策为目的提起诉讼的;不以保护合法权益为目的,长期、反复提起大量诉讼,滋扰行政机关,扰乱诉讼秩序的。不难发现,该规定所列绝大多数情形,都属于《行政诉讼法》及其司法解释规定的不符合起诉条件或是不属于行政诉讼受案范围的情形,而这些情形,行政诉讼法及其司法解释本身就规定不予立案,或是裁定驳回起诉。该意见主要是强调了立案部门要正确理解立案登记制的精神实质,在防止过度审查的同时,也要注意坚持必要审查。其中,“不以保护合法权益为目的,长期、反复提起大量诉讼,滋扰行政机关,扰乱诉讼秩序的”的情形属于专门针对滥诉行为的规定。仔细分析这一规定,一方面,该规定通过对“目的”“长期”“反复”“大量”等不确定概念来界定“滥诉”,使得“滥诉”的概念本就具有一定的模糊性。另一方面,该规定又强调应当从严掌握标准,要从当事人提起诉讼的数量、周期、目的以及是否具有正当利益等角度,审查其是否具有滥用诉权、恶意诉讼的主观故意。而即使对于认定为“滥诉”的行为,该意见也只是规定要探索建立有效机制,依法及时有效制止。至于到底通过什么样的机制来有效应对,语焉不详。不难看出,最高审判机关在“治理滥诉”与“保护诉权”之间,是非常小心谨

---

① 具体包括针对行政机关未设定其权利义务的重复处理行为、说明性告知行为及过程性行为提起诉讼的;不服上级行政机关作出的处理、答复或者未作处理等层级监督行为的;因与自身没有利害关系的投诉、举报、检举或者反映问题等事项不服行政机关作出的行政行为而提起诉讼的;当事人向明显不具有事务、地域或者级别管辖权的行政机关投诉、举报、检举或者反映问题,而不服相关处理的;当事人因不服信访工作机构依据《信访条例》作出的处理意见、复查意见、复核意见或者不履行《信访条例》规定的职责提起诉讼的。

慎的。而这种谨慎,恰恰反映出了二者之间的巨大张力:理论上,只要原告的诉求属于受案范围,符合《行政诉讼法》及其司法解释规定的起诉要件,当事人的诉权就应当受到保护。但这样一来,其中很多没有形成实质争议或是虽有争议但价值不大的案件就必须被法院受理并走完全部诉讼程序。对此,很多法院要么是笼统地以滥诉为由将之拒之门外,否定诉权;要么是疲于应对,无意义地投入了大量司法资源,最终也没能从实质上解决争议。造成这一窘境的原因,在于我们目前的滥诉治理,主要是针对诉权问题,采取的方式也是传统的依法不予立案或是裁定驳回起诉。而对于有诉权情况下滥诉的识别以及应对,并没有开拓出一条行之有效的应对机制。

究其根本,我们忽略了在“有诉权”和“无诉权”之间,存在一个“有诉权但无实质争议”或“有诉权但未形成有价值争议”的巨大的中间地带,这恰恰是目前行政诉讼“滥诉”问题的核心和症结所在。这一问题得不到有效解决,就会导致保护诉权与治理滥诉之间形成巨大张力。从立法技术上看,我们没有充分重视主观证明责任在案件受理阶段的控制功能,也没有在案件受理后建立有效的、可以适用于各个审级的简易处理程序。具体来说:现行的行政诉讼法只要求原、被告在起诉和应诉时应当提供证据,以使诉讼请求在形式上得到证据的支撑。但对于这种举证应当达到什么样的标准,在起诉阶段没有作出任何实质性的要求。而在案件进入诉讼程序后,也没有针对未形成实质或有价值争议的案件,提供诸如妨诉抗辩、中间裁决以及一般性的可适用于各个审级的简易审理程序等相应措施,从而导致在实践当中,哪怕从当事人提交的证据材料看,案件没有形成实质争议,或是案件本身对解决实质争议没有价值,但只要当事人坚持,法院就必须有始有终、有板有眼地将案件审理下去,最终造成司法资源的巨大浪费和司法效率的极大拖沓。这其中较为典型的表现形式包括:

(1)当事人在诉讼主张明显欠缺法律或事实根据的情况下,坚持诉讼。例如,法院查明,本案诉讼的标的已经被另案生效裁判所羁束,但原告仍坚持诉讼,并要求走完各个审级。

(2)当事人在诉请已经得到实质性满足的情况下,基于十分轻率的目的而坚持诉讼。例如,在一个诉行政机关不作为的案件中,法院已经判决行政机关作为,但原告仍要求法院必须判决确认行政机关违法,从而坚持诉讼。

(3)当事人为从法院获得具有指示性的法律意见,或者为了达到任何不当的目的而坚持诉讼。例如,在一个诉复议决定的案件中,复议机关已经将原告不服的行政处罚决定撤销,但原告仍坚持诉讼,理由是认为复议决定在阐述理由时,将原告与第三人之间的争议定性不当,等等。

对此,我们认为,在目前立法层面尚未以主观证明责任为核心构建起提证责任、妨诉抗辩、中间裁决等相关制度的情况下,可行的做法是将审判重心前移,在立案审查阶段充分发挥专业法官对案件有无形成实质争议或有无价值争议的判断功能,并在此基础上构筑诉调对接与繁简分流机制,从而达到压缩行政案件"水分",破解行政案件程序空转难题,提高行政审判效率的目的。此外,对于当事人存在上述明显滥用诉讼权利不当行为,造成诉讼对方或第三人直接损失的,人民法院可以考虑根据《行政诉讼法》《行诉解释》《民事诉讼法》《最高人民法院关于进一步推进案件繁简分流优化司法资源配置的若干意见》(法发〔2016〕21 号)等规定,结合具体情况,在经过释明当事人拒绝补正或者经补正仍不符合起诉条件的情况下,退回诉状并记录在册。同时,可对无过错方依法提出的赔偿合理律师费用等因滥诉行为造成的额外损失的正当要求予以支持。

需要说明的是,对于滥诉行为的规制,不仅人民法院在研究,行政复议机关也在进行着探索。《自然资源行政复议规定》第二十五条规定:"行政复议期间有下列情形之一的,行政复议中止:……(二)申请人不以保护自身合法权益为目的,反复提起行政复议申请,扰乱复议机关行政管理秩序的;……属于前款第二项规定情形,情节严重的,行政复议机关应当及时向有关国家机关通报……"2017 年原国土资源部首次对全系统的相关情况进行了粗略统计,同一当事人提起同类行政复议 10 件以上的,共计 2435 件,占到行政复议案件总数的 41%;提起同类行政诉讼 10 件以上,共计 1488 件,占到行政应诉案件总数的 7.6%,且多集中在政府信息公开和投诉举报领域,在一定程度上反映出极少数人滥用复议权和诉权,恶意消耗行政资源和司法资源的现象比较突出,严重干扰了正常的行政管理秩序和行政审判工作。

为规范和引导当事人依法行使行政救济权利,《自然资源行政复议规定》在保护人民群众复议申请权的同时,力求依法对恶意复议和无理复议等滥用复议权的行为予以适当规制。对于明显没有复议的实际意义、以滋扰行政机关管理秩序为目的的复议申请,明确可以中止行政复议案件的审理。当然,这种中止不是剥夺了有关当事人的复议权,而是通过中止,避免复议机关被反复、大量的申请打乱工作节奏,使其可以集中精力加强对该复议申请及其源头性问题进行全面调查和研究,在充分掌握滥用复议权申请人数量、案件数量、周期以及复议诉求、实质诉求等情况的前提下,再启动案件审理,确保统一处理,做到同案同判,有效地化解矛盾纠纷。

此外,对于申请人滥用复议权,干扰复议机关正常工作秩序的行为,《自然资源行政复议规定》规定了行政复议机关应当积极与其他有关行政机关、政府法制部门、人民法院等加强沟通联系,收集掌握相关情况,及时将相关情况通报公安机关、国家安全机关等有关国家机关依法、依规处理。地方各级自然资源主管部门在发现申请人有滋扰性滥诉的苗头或倾向时,也要加强与同级人民政府、上级管理部门以及司法机关的沟通,共同研究解决问题。

【相关案例】

陆某诉原南通市国土资源局信息公开案*

基本案情:陆某向原南通市国土资源局申请公开"长平路西、山神路北、兴港路东所涉'龙潭幸福里三期'拆迁安置房工程项目地块的土地是农村集体土地还是国有土地,以及拆迁安置房工程项目的征地批文"。同年 7 月 30 日,原南通市国土资源局作出《政府信息公开申请答复书》,答复内容为陆某申请的"长平路西、山神路北、兴港路东所涉及'龙潭幸福里三期'(原为隆兴家园三期)拆迁安置房工程项目地块"已于 2012 年 10 月经江苏省人民政府批准征收为国有,征地批文为主动公开的政府信息,请登录原南通市国土资源局网站查询,批准文号为"苏政地〔2012〕5328 号"。陆某不服,于 2014 年 9 月 28 日向原

* (2015)通中行终字第 00129 号。

江苏省国土资源厅申请行政复议。2014 年 11 月 10 日,原江苏省国土资源厅作出(2014)苏国土资行复第 134 号《行政复议决定书》,决定维持原南通市国土资源局作出的被诉答复。陆某仍不服,向法院提起行政诉讼。

裁判摘要:公民在行使权利的时候,不得损害国家的、社会的、集体的利益和其他公民的合法权益。作为权利之一的获取政府信息公开权和诉权当然也不能滥用。陆某的起诉源于政府信息公开申请,其起诉的理由多以被诉答复无发文机关标志、标题不完善、无发文字号、程序违法为由,反复多次提起相同或类似的诉讼请求。陆某不当的申请和起诉多次未获人民法院的支持,而其仍然频繁提起行政复议和行政诉讼,已经使有限的公共资源在维护个人利益与他人利益、公共利益之间有所失衡,这种损害他人并对自己利益较少或根本无利益的权利之行使,超越了权利行使的界限,亦有违诚实信用原则,已构成诉讼权利的滥用,原审法院驳回其起诉并无不当。

7 征地批复作出并公告后,后续权证注销、土地出让、颁证等行为是否可诉

【问题的由来】

由于理论上对集体土地征收过程中物权转移的时点存在不同认识,实践中,征地批复或征地决定作出后,土地所有权变更的时间节点也相应存在不同观点,包括:(1)征地决定作出时。该观点认为,根据《物权法》第二十八条的规定,因人民政府的征收决定导致物权变更的,自人民政府的征收决定生效时发生效力。而行政行为一经作出,即具有公定力、确定力和执行力,因此有权机关作出批复时,土地所有权即发生变更。(2)征地决定公告时。该观点认为,《土地管理法》及其实施条例规定征地依照法定程序批准后需要在被征地方予以公告,征地决定送达被征地主体,被征地主体知情后,批复才正式生效,所有权也才相应发生变更。(3)征地程序完成时。该观点认为,为了保护被征地人的利益,征地机关在完全实施了征地批文批准的事项和要求,征地程序完成时,才能发生《物权法》第二十八条规定的物权变更效力。(4)原权利凭证注销时。该观点认为,根据《土地管理法》第四十六条第二款和《土地管理法实施条例》第二十五条第二款的规定,被征收土地的所有权人和使用权人持权利证书到国土资源部门办理征地补偿登记。而根据《物权法》第九条规定的不动产物权登记公示公信原则,因国家所有的自然资源所有权可不登记,所以补偿登记后注销原不动产权利人物权时,所有权发生变更。基于上述不同观点,对于被征收人可否就征地批复作出后相关权利证书的注销、国有土地的出让、颁证等行为提起诉讼,司法实践中存在认识上的分歧。

【不同观点】

一种观点认为,根据《物权法》第二十八条[①]的规定,征收决定自作出并公告时,发生物权转移的法律效力,原集体土地权利人丧失集体土地所有权和使用权,同时取得征收补偿安置请求权。故对原集体土地权利人产生实际影响的是土地征收及其补偿安置行为,其对该行为不服,可依法申请复议、提起诉讼。至于行政机关如何处置已经征收为国有的土地,与原集体土地权利人已无利害关系,其不得就此提起诉讼。

另一种观点认为,《物权法》第二十八条规定的"自法律文书或者人民政府的征收决定等生效时发生效力"不能单纯地理解为征地决定作出及公告送达时生效,而应当理解为按照《土地管理法》及其实施条例的要求,完成包括进行安置、支付补偿费用在内的全部征收程序后方能产生物权转移的法律效力。因此,在进行安置补偿之前,即使征收文件已经下达,村民作为原土地使用权人仍然与后续权证注销、土地出让、颁证等行为具有法律上的利害关系,可以就此提起诉讼。

【裁判思路与裁判规则】

一般来说,集体土地在被征收后,性质便转化为国有土地,被征收人对国有土地上的转让和颁证行为,也就相应失去了法律上的利害关系,不具有对后续相关行政行为提起行政诉讼的原告资格。其根据在于,《物权法》第二十八条规定:"因人民法院、仲裁委员会的法律文书或者人民政府的征收决定等,导致物权设立、变更、转让或者消灭的,自法律文书或者人民政府的征收决定等生效时发生效力。"据此,征地过程中,人民政府的征地决定作出并依法公告送达后,土地的所有权主体就由集体经济组织转变为国家。但是,我们应当注意,所有权并不是一个完全不受限制的权利,所有人在行使所有权时,不能侵害社会公共利益和他人的合法权益。此外,所有权还是一个包含占有、使用、收益、处分等

---

① 因人民法院、仲裁委员会的法律文书或者人民政府的征收决定等,导致物权设立、变更、转让或者消灭的,自法律文书或者人民政府的征收决定等生效时发生效力。

多个权能的权利。由于上述权能可能分属于不同主体,因此,即使取得所有权也不意味着所有权人可以完全行使对物的支配权。从这个意义上来讲,所有权的行使具有一定的社会性。《物权法》第三十九条规定:“所有权人对自己的不动产或者动产,依法享有占有、使用、收益和处分的权利。”在集体土地征收过程中,这里的“依法”应当具体包括:

(1)对被征收人依法进行安置补偿。《物权法》第二十八条虽然规定了因人民政府的征收决定,导致集体土地征收的,自人民政府的征收决定生效时发生效力。但同时,《物权法》第四十二条第二款规定:“征收集体所有的土地,应当依法足额支付土地补偿费、安置补助费、地上附着物和青苗的补偿费等费用,安排被征地农民的社会保障费用,保障被征地农民的生活,维护被征地农民的合法权益。”第一百二十一条规定:“因不动产或者动产被征收、征用致使用益物权消灭或者影响用益物权行使的,用益物权人有权依照本法第四十二条、第四十四条的规定获得相应补偿。”《土地管理法》第四十七条规定:“征收土地的,按照被征收土地的原用途给予补偿。”《土地管理法实施条例》第二十五条第四款规定:“征收土地的各项费用应当自征地补偿、安置方案批准之日起3个月内全额支付。”综合上述规定,不难发现,集体土地自征收决定公布生效后,相应的土地所有权发生改变。但与此同时,被征收人取得了要求征收部门进行安置补偿的权利。对此,有观点认为,由于此时被征收人的所有权和使用权已经转变为安置补偿请求权,因此,原集体土地权利人通过对土地征收及其补偿安置行为提起诉讼,完全可以实现维护其合法权益的目的。相反,通过起诉后续国有土地出让、登记颁证等行为,无论人民法院如何判决,均不能直接解决实质问题。即使判决撤销出让、登记颁证等行为,也只是回到集体土地征收及补偿安置状态,原集体土地权利人要解决纠纷,仍需针对集体土地征收及补偿安置行为申请复议、提起诉讼。因此,允许原集体土地权利人直接针对征收之后的国有土地出让、登记颁证等行为提起诉讼,不但不能实质性解决纠纷,同时也不符合诉讼经济原则,浪费司法资源,徒增当事人诉累。

对于上述观点,本书认为,征收人所拥有的被征收土地的所有权和使用权转化为安置补偿请求权的过程,从法律性质上看,实质是被征收人所享有的原土地所有权或使用权这一物权转化为债权请求权的过程。而对于这种安置补偿请求之债的保护,《土地管理法实施条例》第四十五条规定:“违反土地管理法律、法规规定,阻挠国家建设征收土地的,由县级以上人民政府土地行政主管部门责令交出土地;拒不交出土地的,申请人民法院强制执行。”据此,土地征收的最后环节——交出土地,要由人民法院来审查执行。而《最高人民法院关于审理涉及农村集体土地行政案件若干问题的规定》第十四条第一款第三项、第二款规定:“被征收土地所有权人、使用人已经依法得到安置补偿或者无正当理由拒绝接受安置补偿,且拒不交出土地,已经影响到征收工作的正常进行……人民法院对符合条件的申请,应当裁定予以受理,并通知申请人;对不符合条件的申请,应当裁定不予受理。”该条虽然是对责令交出土地之后人民法院对非诉执行申请审查的规定,但它明确将原土地使用人已经依法得到安置补偿(包括已经依法安置补偿但被征收人无正当理由拒绝接受的情形),作为人民法院准许自然资源主管部门执行其作出的责令交出土地决定的前置要件,从而使依法安置补偿与否,成为征收人能否实现土地所有权的要件之一。这一点在新修订的《土地管理法》中也得到了体现,该法第四十八条规定:“征收土地应当给予公平、合理的补偿,保障被征地农民原有生活水平不降低、长远生计有保障。”“征收农用地以外的其他土地、地上附着物和青苗等的补偿标准,由省、自治区、直辖市制定。对其中的农村村民住宅,应当按照先补偿后搬迁、居住条件有改善的原则,尊重农村村民意愿,采取重新安排宅基地建房、提供安置房或者货币补偿等方式给予公平、合理的补偿,并对因征收造成的搬迁、临时安置等费用予以补偿,保障农村村民居住的权利和合法的住房财产权益。”换句话说,征收人不依法进行安置补偿,就不能强令被征收人交出土地,从而也就无法完整地实现其所享有的国有土地所有权的权能。而这也可以理解为,虽然集体土地被征收,土地所有权性质发生了改变,但改变后的国有土地使用权在被征收人所享有的安置补偿之债尚未实现前,依然实际掌握在被征收人手中,从而事实上形成了一种持续占有不动产直至债权圆满清偿的权利状态,这种权利状态非常类似于不动产质权。虽然我国立法上并不承认不动产质权,但究其原因,除了法律文化方面的因素,更重要的是考虑到公示方法的问题,即在不动产物权采取登记生效主义的情况下,它与不动产抵押本质上并无区别。因此,在我国,虽然没有规定不动产质权的登记制度,但却规定了不动产抵押权制度。由于根据相关法律规定,在集体土地征收过程中,事实上确实存在土地所有权转移后,被征收人对原土地及其房屋的合法占有,因此,我们可以绕过质权如何取得的问题,直接参照经登记而取得的不动产抵押的法律效果,利用后者作为法律工具来分析征收补偿中的相关问题。

《物权法》第一百九十一条第二款规定:"抵押期间,抵押人未经抵押权人同意,不得转让抵押财产,但受让人代为清偿债务消灭抵押权的除外。"参照这一规定,在安置补偿尚未依法落实的情况下,被征收人在征收人实施的后续出让、颁证等行为直接侵害其对土地和房屋占有的情况下,被征收人具有法律上的利害关系,可以作为原告提起诉讼。这种原告资格是基于被征收人的合法财产权而被法律赋予的,司法机关不能简单地从救济的必要性角度随意剥夺。退一步讲,即使从救济的必要性角度考虑,撤销对被征收土地和房屋的违法处置行为,对于维护尚未获得安置补偿利益的被征收人的合法权益也是必要的。

(2)依法完成了法定的征收程序。征地行为是一个多阶段性的行为。取得征地批准文件并公布生效,并不意味着征地工作必然会完成,如遇到特殊情况也有可能不能继续实施征地行为。例如,原国土资源部印发的《关于完善农用地转用和土地征收审查报批工作的意见的通知》(国土资发〔2004〕237 号)第十四条规定:"农用地转用和土地征收批准文件有效期两年。农用地转用或土地征收经依法批准后,市、县两年内未用地或未实施征地补偿安置方案的,有关批准文件自动失效。"在此情况下,由于没有继续进行法定的征收程序,从而导致其他相关权利没有发生及时转移。此时,原土地权利人仍然合法享有土地的使用权,因此,其对于后续的用地行为不服,仍然可以提起复议或诉讼。

此外,在征地公告已经发布,土地所有权已经发生转移,但并未实际开发利用的情况下,原农村集体经济组织及其成员依然可以享有土地使用权,只不过此时的土地使用权已经在性质上从集体土地使用权转化为国有土地使用权。对此,《确定土地所有权和使用权的若干规定》第十三条规定:"国家建设对农民集体全部进行移民安置并调剂土地后,迁移农民集体原有土地转为国家所有。

但移民后原集体仍继续使用的集体所有土地,国家未进行征用的,其所有权不变。”这种情况下,被征收人显然是可以在后续的土地利用行为侵害其合法权益的情况下,对相关行为提起行政诉讼的。

综上,在征收决定作出并生效后,后续的权证注销、土地出让和颁证行为是否可诉,取决于三个问题:一是实体上征收行为是否存在没有依法补偿安置的情形;二是程序上是否存在没有完成法定征收程序等问题;三是后续相关行为是否直接对被征收人所享有的权利造成了损害。

【需注意的问题】

(1)对于前面提到的因有关用地批准文件自动失效,而导致没有完成征收程序的问题,需要讨论的是,何为农用地转用和土地征收批准文件自动失效?是否自始无效?已经批准征收为国有土地的集体土地是否能够重新转为集体土地?市、县人民政府是否不再享有依据征地批文组织实施征收土地的权利?实务中争议颇多。

对此,自然资源部于2018年6月25日下发《关于健全建设用地“增存挂钩”机制的通知》(自然资规〔2018〕1号),其中规定“规范认定无效用地批准文件。各省(区、市)要适时组织市、县对已经合法批准的用地进行清查,清理无效用地批准文件。农用地转用或土地征收经依法批准后,两年内未用地或未实施征地补偿安置方案的,有关批准文件自动失效;对已实施征地补偿安置方案,因相关规划、政策调整、不具备供地条件的土地,经市、县人民政府组织核实现场地类与批准前一致的,在处理好有关征地补偿事宜后,可由市、县人民政府逐级报原批准机关申请撤回用地批准文件。”该通知重申了批准文件自动失效的规定,同时对于已经实施征地补偿安置方案但不具备供地条件的情形,规定了逐级报批撤回用地批准文件的程序。但该通知下发后,实务操作中争议依旧很大,主要争点在于:国务院批地以及省级人民政府批地文件失效的概念是否完全一致?已经批准征收为国有土地的土地是否还能再还原为集体土地,法律上是否有障碍?市、县人民政府逐级报原批准机关申请撤回批准文件是否就能导致文件失效?……据我们了解,目前对于省级人民政府征地和农转用批准文件，有两者一起申请撤回的，也有仅申请撤回农用地转用批准文件的。而对于国务院的批准文件，出现过申请撤回农用地转用批准文件的，但迄今为止还未出现过撤回征地批复文件的申请。

为使这一规定更符合上位法精神和更具有可操作性，2018 年 12 月 6 日，自然资源部办公厅又下发了《关于批而未供土地处置有关问题的通知》（自然资办发〔2018〕49 号），该通知规定："为更好实施建设用地'增存挂钩'机制，加快推进批而未供土地处置工作，现就有关问题通知如下：一、农用地转用或土地征收经依法批准后，未公告补偿安置方案的，可认定为未实施具体征地行为。对已公告补偿安置方案，因相关规划、政策调整，不具备供地条件的土地，在处理好有关补偿事宜后，可由市、县人民政府按相关规定，逐级报原批准机关申请撤回有关批准文件，原批准机关同意撤回的，批准文件不再执行。二、对国务院批准的城市建设用地，省（区、市）已批准实施方案的，因相关规划、政策调整等原因，部分已不具备供地条件的，可由市、县人民政府按相关规定，逐级报省级人民政府申请调整用地实施方案，并报自然资源部备案；未批准实施方案的，省级自然资源主管部门要加快组织报批工作，并及时报自然资源部备案。对省级人民政府批准的城市建设用地，需要用地调整的，由各省（区、市）规定。"可以看出，49 号通知不再提"文件失效"的说法，而是明确了三种情况：一是明确规定了究竟何为未实施征地行为，即批准文件下达后，完全未公告补偿安置方案的情形才视为没有实施征地行为。二是市、县人民政府逐级报原批准机关申请撤回有关批准文件的，需要原批准机关同意撤回，文件才明确不再执行。反过来说，如果原批准机关不同意撤回，文件仍有执行的可能性。三是国务院批准的城市建设用地，分地方是否已经批准实施方案两种情形，而无论是否批准实施方案，都要通过调整用地实施方案和加快组织报批等方式推进执行。相当于对于国务院批准用地在制度上没有设计申请撤回用地的途径。

据此，关于"批准文件自动失效"的理解，目前，只有完全未公告补偿安置方案，及市、县人民政府逐级报原批准机关申请撤回有关批准文件且原批准机关同意撤回两种情形。换句话说，只有在这两种情形下，农用地转用和土地征收批准文件才明确不再执行，并可以交回原集体经济组织。而其他情形则是要尽快调整用地实施方案或者加快组织报批，以推进已经发生效力的用地批准文件的执行。

（2）虽然总体上看，征地批复作出后，在特定条件下，后续物权变动行为具有可诉性。但需要注意的是，即使在没有依法安置补偿的情况下，被征收人可以就后续颁证等行为提起诉讼，但其在提起诉讼时，应当证明其已经就没有依法补偿安置这一行为提起诉讼，并得到法院支持；或是将安置补偿行为与后续被诉行为一并提起诉讼，从而解决其据以提起诉讼所依据的“抵押权”所依附的“安置补偿债权”这一诉讼的前提要件是否具备的问题。而在进入诉讼程序后，其诉求能否最终得到支持，还要具体看取得土地相关权利的第三人是否为善意第三人，撤销相关权证是否会损害公共利益等。

（3）新修订的《土地管理法》，在土地征收程序方面，要求县级以上地方人民政府拟申请征收土地的，应当开展拟征收土地现状调查、公告听取被征地的农村集体经济组织及其成员意见、组织开展社会稳定风险评估等前期工作与拟征收土地的所有权人、使用权人就补偿安置等事项签订协议，测算并落实有关费用，保证足额到位，方可申请征收土地。个别确实难以达成协议的，应当在申请征收土地时如实说明，供审批机关决策参考。从而将签订补偿安置协议的工作挪移到了征地报批前，届时，对于征地决定下达前就已经签订安置补偿协议的被征收人，由于其对于征收行为已经知情并同意安置补偿方案，征地决定下达后，再将争议延伸至后续权证注销、土地出让、颁证等行为的必要性和合理性就将值得商榷。

【相关案例】

1. 广东省中山市坦洲镇永一村合兴村民小组诉中山市人民政府颁发国有土地使用权证案*

基本案情：被告中山市人民政府于2006年5月24日向第三人中山市大俊企业有限公司颁发了中府国用〔2006〕第330518号《国有土地使用权证》，将位

---

* （2014）粤高法行终字第1025号。

于中山市坦洲镇永一村合兴队的12100.65平方米土地办证至第三人名下。原告合兴村民小组认为,涉案土地自中华人民共和国成立后一直是其名下的耕地,从未有行政机关表示该宗地已被征收或由农用地转为商业用地予以出让,原告村民也从未领取过任何关于该宗土地的征地补偿款。近来,第三人在原告村里欲建设施工,原告才得知被告的土地发证行为,随即以被告未经补偿就擅自将原告赖以生存的土地发证至第三人的名下侵犯了原告的权益为由,请求法院判令撤销被告给第三人颁发的《国有土地使用权证》。

裁判摘要:本案中,虽然涉案土地已由原广东省国土资源厅经广东省人民政府同意作出粤国土资(建)字〔2006〕65号《关于中山市2005年度第四十三批次城镇建设用地的批复》,可以由集体农用地转为建设用地,但是,中山市政府没有提供证据证明其向合兴村民小组支付了征地补偿款,且现涉案土地仍然由合兴村民小组进行耕种,故应认定征地程序尚未完成,合兴村民小组具有就后续颁证行为提起诉讼的原告资格。

2. 石某某诉山东省潍坊市人民政府行政复议案

基本案情:案涉土地于2002年10月22日经山东省人民政府鲁政土字〔2002〕516号《关于青州市2002年第六批次城市建设用地的批复》征为建设用地,青州尧王制药有限公司与青州市益都街道办事处石家社区居委会二组及居委会两次签订协议,先后对案涉土地的租用及征用所涉土地补偿及失地农民保险金等问题作出约定,相关补偿款已全部支付。后石某某提起复议申请,请求撤销青州市人民政府作出的青政复土字〔2002〕297号《关于向青州尧王医药包装材料有限公司出让国有土地使用权的批复》,复议机关以其不具备主体资格为由,驳回申请人的复议请求。石某某对复议决定不服,遂成诉。

裁判摘要:申请人石某某作为案涉土地承包人,对于案涉土地征收过程中的实施行为具有利害关系,但是在案涉土地已经被依法征收,且相关补偿款已全部支付的情况下,其与青州市人民政府将征收的土地再予以出让的行为之间不具有利害关系。故,复议机关的处理并无不当,其诉讼请求应予判决驳回。

8 征收决定实施后，自然资源主管部门与第三人签订的土地使用权出让合同是否可诉

【问题的由来】

实践中，对于征收决定实施后，在征收人尚未对被征收人依法安置的情况下，自然资源主管部门与第三人签订的土地使用权出让合同是否对被征收人的权利义务产生直接影响存在不同认识，故对于此类行为的可诉性存有争议。

【不同观点】

一种观点认为，征收决定实施后，在征收人未对被征收人依法补偿安置的情况下，被征收人对于后续的土地出让行为仍然具有利害关系。为充分保护被征收人的合法权益，应当允许其对签订土地出让合同在内的后续转让行为提起行政诉讼。

另一种观点认为，虽然在征收人未对被征收人依法补偿安置的情况下，被征收人对于后续的土地出让行为具有利害关系，但是土地出让合同本身并没有直接对其权利义务产生影响，故而不可诉。

【裁判思路与裁判规则】

对自然资源主管部门与第三人签订的土地使用权出让合同，是否对被征收人的权利义务产生直接影响这一问题的回答，涉及负担行为和处分行为的关系问题。所谓负担行为，德国学者将之定义为："是指使一个人相对于另一个人（或另若干个人）承担为或不为一定行为义务的法律行为。负担行为的首要义

务是确立某种给付义务,即产生某种‘债务关系’。”[①]也有学者将它称为义务行为,其行为的法律后果是“义务的产生(或确认),是使所有的合同当事人承担一项给付义务。”[②]史尚宽先生认为,义务行为并不直接产生处分权利的结果,它只是产生处分的义务,表现为债权行为。[③] 也就是说,负担行为是义务人为自己设定义务的行为,从债权人的角度看,它产生债上的请求权。负担行为并不直接发生权利变更的法律后果,它仅在债权人和债务人之间依据意思自治的原则设定给付义务,产生债的请求权,因此,负担行为针对的是债权人和债务人之间的法律关系,而不是对物的法律关系。处分行为则是指直接作用于某项现存权利的法律行为,如变更、转让某项权利,在某项权利上设定负担和取消某项权利等,处分的对象永远是一项权利或一项法律关系。[④] 负担行为设立的负担义务只是对义务人利益的观念上的处分,不生权利变动效果,在义务人未为权利之处分行为之前,权利人仅享有要求义务人为给付行为的请求权,对义务人的财产没有任何支配权。而表现为处分行为的物权行为则通过处分的合意和具体的处分权利行为的融合,实现权利变更的法律效果。也就是说,一个涉及物权的交易行为,其过程可以划分为两个阶段、两个行为关系,即债务行为(负担行为)过程和物权行为(处分行为)过程。

根据上述理论,自然资源主管部门在出让征收后的国有土地的过程中,与第三人签订的土地出让合同,一般来说仅仅是设立其与第三人之间权利义务的负担行为,是一种债务行为,并不会直接对被征收人可能依然享有的相应土地的物权产生实际影响。因此,通常情况下,被征收人没有必要对此提起诉讼。被征收人的权益,可以在处分行为阶段,也就是通过对给第三人颁发土地权属证书的行为,以及对第三人的实际使用行为提出撤销或者排除妨害的方式进行救济。

---

① [德]卡尔·拉伦茨:《德国民法通论》(下册),王晓晔、邵建东、程建英、徐建国、谢怀栻译,法律出版社 2009 年版,第 435 页。

② [德]迪特尔·施瓦布:《民法导论》,郑冲译,法律出版社 2006 年版,第 306 页。

③ 史尚宽:《民法总论》,中国政法大学出版社 2000 年版,第 320 页。

④ [德]卡尔·拉伦茨:《德国民法通论》(下册),王晓晔、邵建东、程建英、徐建国、谢怀栻译,法律出版社 2009 年版,第 435 页。

需要说明的是，在民法上，合同的相对性并非绝对不能突破，对于负担行为也不是一概不能提起诉讼。《合同法》第七十四条[①]规定的债权人撤销之诉就是一个典型的就债务人与第三人之间负担行为提起的形成之诉。同理，在土地出让合同明显损害被征收人利益的情况下，不排除被征收人就此提起撤销或是确认无效之诉的可能性。但是，这里撤销权行使的前提，是债务人的行为必须危害债权人的债权。而在现行法律框架下，集体土地征收领域被征收人的补偿主体是市、县级人民政府，也可以说是以国家为补偿主体的，因此，一般不存在因为出让行为使被征收人受偿利益受损的情况，相应地，也就不存在对出让合同直接提起诉讼的必要性。

【需注意的问题】

从土地出让合同签订的实践情况来看，在国有土地使用权出让中，出让的土地应当是“净地”，“毛地”出让被严格禁止。一般理解中的“毛地”“净地”，最主要的区别在于政府在出让时是否已经完成该地块的土地平整，完成全部拆迁安置补偿工作。如《闲置土地处置办法》第二十一条规定：“市、县国土资源主管部门供应土地应当符合下列要求，防止因政府、政府有关部门的行为造成土地闲置：(一)土地权利清晰；(二)安置补偿落实到位；(三)没有法律经济纠纷；(四)地块位置、使用性质、容积率等规划条件明确；(五)具备动工开发所必需的其他基本条件。”《关于加大闲置土地处置力度的通知》(国土资电发〔2007〕36号)第二条规定：“实行建设用地使用权‘净地’出让，出让前，应处理好土地的产权、补偿安置等经济法律关系，完成必要的通水、通电、通路、土地平整等前期开发，防止土地闲置浪费。”据此，能够进入土地出让环节并签订土地出让合同的土地使用权，一般而言应该是已经安置补偿到位，且完成了拆迁和平整开发工作，符合土地出让条件的宗地。该宗土地的使用权应当已经与被征收前的土地所有权和使用权完成了法律关系上的割裂，因此，通常不存在被征收人与

① 《合同法》第七十四条　因债务人放弃其到期债权或者无偿转让财产，对债权人造成损害的，债权人可以请求人民法院撤销债务人的行为。债务人以明显不合理的低价转让财产，对债权人造成损害，并且受让人知道该情形的，债权人也可以请求人民法院撤销债务人的行为。

进入出让程序的土地使用权存在直接利害关系的情形。

当然，实践中也不排除存在被征收人未被依法安置，土地即进入出让环节的个别情形，但是其在没有对权利义务产生直接影响的前续行政行为，如征地补偿安置行为提起复议或者诉讼的情形下，直接对后续的土地出让合同签订行为提起诉讼难以成就法律上保护的必要性。对此，自然资源主管部门作为行政复议机关在审理申请人不服自然资源主管部门与第三人签订的土地使用权出让合同提起的行政复议申请时，以及人民法院在审理类似案件时，通常会以该合同与申请人没有直接利害关系为由作出不予受理决定（裁定）或者驳回决定（裁定）。

【相关案例】

郝某等诉六安市金安区人民政府与重庆市兴茂产业发展（集团）有限公司签订的《六安·悠然南山生态旅游度假区二期项目合同书》无效案*

基本案情：郝某等诉称，其持有的《林权证》《荒山承包合同书》《六安·悠然南山生态旅游度假区二期项目合同书》、2018 年 4 月 9 日排除妨害纠纷案开庭传票，足以证明其与六安市金安区人民政府和重庆市兴茂产业发展（集团）有限公司签订的《六安·悠然南山生态旅游度假区二期项目合同书》具有利害关系，被诉项目合同书侵犯了原告的土地使用权，请求法院确认无效。

裁判摘要：本案中，被诉的《六安·悠然南山生态旅游度假区二期项目合同书》缔约双方是六安市金安区人民政府和重庆市兴茂产业发展（集团）有限公司，郝某等并非案涉合同的当事人。案涉合同虽然约定了土地的范围，土地将通过公开出让和土地流转（租赁）两种方式取得等，但并未直接对郝某等人的权利义务产生影响。对郝某等人的权利义务产生影响的应该是具体的征收行为、流转（租赁）行为等，因此，郝某等与案涉合同之间并无利害关系，其起诉不符合法定起诉条件。

---

* （2019）最高法行申 494 号。

9 落实村民通过自治程序形成的征收安置补偿方案的行为是否可诉

【问题的由来】

为回避复杂的征收程序，加快集体土地征收进程，同时避免在“城中村”改造等一系列征迁工作中成为矛盾的焦点，各地出现了由村民委员会或村民大会讨论通过征收补偿安置方案，再由村集体经济组织与政府有关部门配合实施的集体土地征收方式。对于此类行为是否可诉，因对村民自治行为的认识不同，实践中存有争议。

【不同观点】

一种观点认为，我国实行村民自治制度，村民委员会是村民自我管理、自我教育、自我服务的基层群众性自治组织，实行民主选举、民主决策、民主管理、民主监督，依法管理本村属于村农民集体所有的土地和其他财产。依据现行行政法理论和行政诉讼法律的规定，村委会依据《村民委员会组织法》实施的行为，不属于人民法院行政诉讼受案范围，人民法院无权对此类行为进行司法审查。

另一种观点认为，《土地管理法》第四十三条规定：“任何单位和个人进行建设，需要使用土地的，必须依法申请使用国有土地；但是，兴办乡镇企业和村民建设住宅经依法批准使用本集体经济组织农民集体所有的土地的，或者乡（镇）村公共设施和公益事业建设经依法批准使用农民集体所有的土地的除外。”第四十六条第一款规定：“国家征收土地的，依照法定程序批准后，由县级以上地方人民政府予以公告并组织实施。”据此，在我国，任何单位建设使用集体土地必须首先经法定程序征收为国有，而县级以上人民政府是土地征收的具体实施主体。《土地管理法实施条例》第二十五条第三款规定：“市、县人民政府土地行政主管部门根据经批准的征收土地方案，会同有关部门拟订征地补偿、安置方案，在被征收土地所在地的乡（镇）、村予以公告，听取被征收土地的农村集体经济组织和农民的意见。征地补偿、安置方案报市、县人民政府批准后，由市、县人民政府土地行政主管部门组织实施。”根据上述规定，村委会既没有征收土地的职权，也不是征地补偿安置方案的制定和实施主体。因此，由村委会作为征收主体或者制定征地补偿安置方案，由县级以上人民政府批准，其实质还是县级以上人民政府实施的征地拆迁行为，不属于村民自治行为，属于行政诉讼受案范围。

【裁判思路与裁判规则】

本书倾向于第二种观点。根据《土地管理法》及其实施条例的规定，在我国，集体土地征收的唯一法定方式，就是由省级以上人民政府通过作出征地批复的方式进行征收。征收行为的目的，主要在于满足村集体经济组织以外的用地主体对建设用地的需求，或是根据城市规划对城中村进行改造；征收行为的过程，主要是由政府及自然资源主管部门在对被征收人进行补偿安置的基础上，收回土地所有权和使用权；征收行为的结果，是集体土地在性质上转变为国有土地。据此，我们可以将政府主导的征收行为与村集体经济组织的自治行为从四个方面进行区分，即文由谁发、地随谁姓、钱由谁出、房由谁拆。

所谓“文由谁发”，是指集体土地的征收是否通过有权机关下达征收文件的形式启动。传统的征收决定，一般以省级以上人民政府征地批复的形式表现出来，以市、县级人民政府征地公告的方式进行送达，这就使得征收行为具备了标准的行政决定的形式和属性。但在通过村民自治形式开展的征收过程中，作为征收行为核心的征收决定往往是以村民会议或村民代表会议通过，并由有关部门审批的征收补偿、安置方案的形式表现出来，而没有法定的征收文件。在此情况下，如果征收补偿、安置方案的实际制作主体为政府有关部门或者派出机构,且有关部门的批准是征收补偿、安置方案生效的必要条件,甚至对外发布的征收补偿、安置方案上亦含有政府相关部门的署名或印章,则应当认定该征收补偿、安置方案的实际制作主体为政府或其相关部门。

所谓"地随谁姓",是指考察被征收土地的实际使用人是集体经济组织还是集体经济组织以外的其他主体,以及集体土地的性质是否发生变化。《土地管理法》第六十一条规定:"乡(镇)村公共设施、公益事业建设,需要使用土地的,经乡(镇)人民政府审核,向县级以上地方人民政府土地行政主管部门提出申请,按照省、自治区、直辖市规定的批准权限,由县级以上地方人民政府批准;其中,涉及占用农用地的,依照本法第四十四条的规定办理审批手续。"第六十五条规定:"有下列情形之一的,农村集体经济组织报经原批准用地的人民政府批准,可以收回土地使用权:(一)为乡(镇)村公共设施和公益事业建设,需要使用土地的;(二)不按照批准的用途使用土地的;(三)因撤销、迁移等原因而停止使用土地的。依照前款第(一)项规定收回农民集体所有的土地的,对土地使用权人应当给予适当补偿。"根据上述规定,如果是集体经济组织使用本集体土地,一般只涉及农转非的问题,而不会涉及集体土地性质的改变。但如果是变相的征收,由于《土地管理法》第四十三条规定:"任何单位和个人进行建设,需要使用土地的,必须依法申请使用国有土地。"这就意味着,不论征收行为以什么形式表现出来,其最终都必然要面对土地的变性问题。否则(除非是不需要明确取得用地主体资格的诸如建造城市绿化隔离带等特殊情形),新的用地主体就无法合法地使用土地。因此,考察被征收土地的实际使用人以及土地性质的变化,对于判断相关行为是否为征收行为,或系实际上的征收行为具有重要意义。

所谓"钱由谁出",是指考察对被征地群众的安置补偿费用实际由谁来支付。《土地管理法》第四十七条规定:"征收土地的,按照被征收土地的原用途给予补偿。"据此,征地必然意味着补偿。事实上,如果不支付适当的补偿,用地主体很难顺利地从原使用权人手中取得土地的使用权。在法定的征收过程中,根据《土地管理法实施条例》第二十五条第三款①的规定，补偿是由市、县人民政府及其自然资源主管部门具体实施的。因此，如果一个所谓的“村民自治”行为，要由政府来埋单，而政府的支出事实上又必须通过出让土地或是由第三方支付的方式来解决，那么，该行为的“自治”性质无疑将会被打上大大的问号。

所谓“房由谁拆”，是指考察在征收实施过程中，在被征收人拒不交出房屋和所使用的土地的情况下，由谁来实施强制拆除行为。《土地管理法实施条例》第四十五条规定：“违反土地管理法律、法规规定，阻挠国家建设征收土地的，由县级以上人民政府土地行政主管部门责令交出土地；拒不交出土地的，申请人民法院强制执行。”据此，在一个正规的征收行为中，土地及地上房屋的强制收回是由县级以上人民政府自然资源主管部门作出行政决定，并最终经人民法院审查后，裁定准予强制执行的。而在“村民自治”模式下，集体经济组织本身不具备强制执行的权力，其强拆行为要么是通过政府相关部门的层层委托，最终由专业的拆迁公司实施；要么是在政府有关部门的配合下一同实施。由于集体经济组织本身没有对任何主体的强制执行权，此类案件中，常常会发现以维持秩序、现场指导等为名显现出政府有关部门的身影，而这些，恰恰是政府部门参与或者主导征地行为的证据。在极端情况下，还会出现被征收人的房、地被不明人员分别拆除和强行征占的问题。对此，我们将会在本书后续部分详细地进行讨论，但原则上，即便实施主体不明，由于法定的具备征收和强制执行能力的主体只有政府及其有关部门，因此，在相关征地文件确定的征收范围内没有其他明确的房屋征收或强制行为主体的情况下，通常可以推定由相关政府部门承担法律责任。

总之，“村民自治”模式下征收行为的性质，应当综合考虑拆迁补偿方案的实际制作主体、实际补偿主体、政府的参与程度、土地征收后的用途等情形来加

---

① 《土地管理法实施条例》第二十五条第三款　市、县人民政府土地行政主管部门根据经批准的征收土地方案，会同有关部门拟订征地补偿、安置方案，在被征收土地所在地的乡（镇）、村予以公告，听取被征收土地的农村集体经济组织和农民的意见。征地补偿、安置方案报市、县人民政府批准后，由市、县人民政府土地行政主管部门组织实施。对补偿标准有争议的，由县级以上地方人民政府协调；协调不成的，由批准征收土地的人民政府裁决。征地补偿、安置争议不影响征收土地方案的实施。

以确定。如果征收补偿方案的实际制作主体、补偿资金的实际支付主体、最终的用地主体或受益主体以及实际的征收实施主体均是政府及有关部门，则应当认定该行为超出了村民自治行为的范围，有逃避征地批准法定程序之嫌，相关行为属于行政诉讼受案范围。此时如果判定此类行为不可诉，则《土地管理法实施条例》第二十五条第三款①以及《最高人民法院关于审理涉及农村集体土地行政案件若干问题的规定》第十条②设定的救济途径将被架空。从形式上看，村民只能按照《村民委员会组织法》第二十七条第二款、第三款③规定，申请乡、民族乡、镇的人民政府对违法行为责令改正。但实践中，由于安置方案本身系经区、县人民政府批准，此种途径往往形同虚设，村民权益事实上将无法得到有效救济。

【需注意的问题】

新修改的《土地管理法》于2020年1月1日正式施行后，征地适用范围的缩小势在必行。修改后的《土地管理法》删去了原法第四十三条关于“任何单位和个人进行建设，需要使用土地，必须使用国有土地”的规定。增加的第四十五条，首次对公共利益进行界定，并通过列举方式明确：因军事和外交、政府组织实施基础设施建设、公共事业、扶贫搬迁和保障性安居工程需要以及成片开发建设等六种情形，确需征收的，可以依法实施征收。其中成片开发可以征收土

---

① 《土地管理法实施条例》第二十五条第三款 市、县人民政府土地行政主管部门根据经批准的征收土地方案，会同有关部门拟订征地补偿、安置方案，在被征收土地所在地的乡（镇）、村予以公告，听取被征收土地的农村集体经济组织和农民的意见。征地补偿、安置方案报市、县人民政府批准后，由市、县人民政府土地行政主管部门组织实施。对补偿标准有争议的，由县级以上地方人民政府协调；协调不成的，由批准征收土地的人民政府裁决。征地补偿、安置争议不影响征收土地方案的实施。

② 《最高人民法院关于审理涉及农村集体土地行政案件若干问题的规定》第十条 土地权利人对土地管理部门组织实施过程中确定的土地补偿有异议，直接向人民法院提起诉讼的，人民法院不予受理，但应当告知土地权利人先申请行政机关裁决。

③ 《村民委员会组织法》第二十七条第二款、第三款 村民自治章程、村规民约以及村民会议或者村民代表会议的决定不得与宪法、法律、法规和国家的政策相抵触，不得有侵犯村民的人身权利、民主权利和合法财产权利的内容。村民自治章程、村规民约以及村民会议或者村民代表会议的决定违反前款规定的，由乡、民族乡、镇的人民政府责令改正。

地的范围限定在土地利用总体规划确定的城镇建设用地范围内，此外，不能再实施“成片开发”征地，从而为集体经营性建设用地入市预留了空间。与此同时，修改后的《土地管理法》第六十三条也在总结集体土地入市试点经验的基础上，进行了较大修改，允许集体经营性建设用地在符合规划、依法登记，并经本集体经济组织三分之二以上成员或者村民代表同意的条件下，通过出让、出租等方式交由集体经济组织以外的单位或者个人直接使用。同时，使用者取得集体经营性建设用地使用权后还可以转让、互换或者抵押。结束了多年来集体建设用地不能与国有建设用地同权同价同等入市的二元体制。可以预见的是，修改后的《土地管理法》正式施行后，在集体经营性建设用地入市问题上将会呈现出真正法律意义上的“村民自治”模式。

【相关案例】

闫某等诉郑州市二七区人民政府行政行为违法案*

基本案情：2010 年 5 月 2 日，被告二七区人民政府作出二七政文〔2010〕92 号请示，向郑州市人民政府提出《关于将刘砦社区列入市城中村改造计划的请示》；同年 5 月，刘砦社区两委、村民组长会议决议同意刘砦社区整体进行改造，并同意由河南金牛置业有限公司对刘砦社区进行村庄改造；同年 12 月，刘砦社区与河南金牛置业有限公司在被告的见证下，正式签署了《二七区嵩山路办事处刘砦社区城中村改造项目合同书》（以下简称《合同书》）和《二七区嵩山路刘砦社区城中村改造项目合同书的补充协议》（以下简称《补充协议》），该《合同书》第三条第二项明确规定了甲方（郑州市二七区嵩山路街道办事处刘砦社区居民委员会）负责动迁和拆迁工作，该《补充协议》第一条、第五条规定了村集体经济组织因拆迁造成的损失和村承包土地的补偿标准；2011 年 6 月郑州市人民政府作出郑政函〔2011〕92 号《关于二七区刘砦村城中村改造控制性详细规划的批复》，原则上同意《二七区刘砦城中村改造控制性详细规划》；2011 年 6 月，

---

* （2018）最高法行申 1614 号。

郑州市人民政府作出郑政文〔2011〕136 号《关于批准二七区荆胡社区黄岗寺村、刘砦村实施改造的通知》,将刘砦村列入城中村改造项目;2011 年 5 月刘砦村全体党员会议、村民代表会议分别审议通过了《刘砦社区改造拆迁安置补偿方案》;2011 年 6 月召开了刘砦村拆迁改造会议,开始动迁工作;2012 年 6 月被告郑州市二七区人民政府上报《关于提请审批刘砦社区城中村改造方案的请示》(二七政文〔2012〕72 号);2012 年 7 月郑州市人民政府审查通过了《关于二七区刘砦城中村改造方案(一期)》,同意该改造方案;2013 年 4 月 1 日郑州市人民政府批复郑州市二七区嵩山路办事处刘砦社区居民管理委员会办理辖区 83 宗土地登记在刘砦社区居民管理委员会名下,并办理国有土地使用权初始登记手续。2014 年 9 月 25 日,郑州市玉安联合置业有限公司(郑州金牛公司为实施刘砦社区城中村改造而成立的开发公司)竞拍刘砦社区土地,与原郑州市国土资源局签订土地出让合同,并获得土地证书。郑州市玉安联合置业有限公司与郑州市二七区嵩山路办事处刘砦社区居民管理委员会签订拆迁补偿协议,拆迁人是刘砦社区居民委员会。2014 年 12 月郑州市玉安联合置业有限公司获得了郑州市城乡建设委员会颁发的开发此项目的《建设工程规划许可证》和《建设工程施工许可证》。另查明,原告闫某等 2001 年 4 月与二七区齐礼闫乡刘砦村村民委员会签订土地承包协议,承包了该村集体土地 40 亩,承包期限为 30 年,该土地在此次城中村改造范围内。闫某等起诉请求确认二七区人民政府强行征占其承包的 40 亩土地的行为违法。

裁判摘要:郑政文〔2007〕103 号第九条第二项规定:“各区人民政府在市人民政府的统一领导下,具体负责本区范围内城中村改造的组织实施。”可见,二七区人民政府负责本区范围内城中村改造的组织实施工作,其组织成立刘砦社区改造项目指挥部,亦是履行此职责的体现。本案中,即使具体实施拆迁行为的是刘砦社区居民委员会或其他组织,其与二七区人民政府之间也是一种行政委托关系,相关责任应当由二七区人民政府承担。纵观本案被诉行为的作出过程,不符合土地房屋征收的相关法定程序,故原审法院以二七区人民政府占用闫某等的承包土地用于拆迁改造,不符合《土地管理法》的规定,也缺乏《行政强制法》的程序依据为由,确认被诉行为违法,并无不当。

10 对集体土地征收安置补偿协议不服应提起民事诉讼还是行政诉讼

【问题的由来】

由于集体土地征收安置补偿协议在性质上存在民事和行政之争,因此发生纠纷后,应当通过民事诉讼还是行政诉讼途径解决,实践中存在一定争议。

【不同观点】

第一种观点认为,土地征收补偿协议是土地的征收与被征收双方在自愿平等基础上签订的,本质上属于民事合同。因此,基于土地征收补偿协议发生的纠纷应当通过民事诉讼来解决。

第二种观点认为,政府或其职能部门与农村集体经济组织签订和履行土地征收补偿协议,是政府基于公共利益考虑而作出的征收行为中的一个环节,是实现行政职能的一个手段,本质上是一种行政行为,因此,对集体土地征收补偿协议不服,应通过行政诉讼来解决。

第三种观点认为,虽然征收部门与农村集体经济组织或其成员签订和履行土地征收补偿协议的行为是一种行政行为,但相关纠纷完全可以通过民事诉讼来解决。特别是在被征收人不履行该协议的情况下,由于现行行政诉讼没有设计"官告民"的制度,因此,应当允许征收部门通过民事诉讼的途径来解决纠纷。

【裁判思路与裁判规则】

《行政诉讼法》第十二条规定:"人民法院受理公民、法人或者其他组织提起的下列诉讼：……（十一）认为行政机关不依法履行、未按照约定履行或者违法变更、解除政府特许经营协议、土地房屋征收补偿协议等协议的；……”该条明确了土地征收补偿协议的行政协议性质，并将其纳入了行政诉讼的受案范围。据此，对集体土地征收安置补偿协议不服，应当通过行政诉讼途径来解决。但是，有观点认为，上述规定见于修改后的行政诉讼法。由于新法自 2015 年 5 月 1 日起施行，因此，根据法不溯及既往的原则，2015 年 5 月 1 日前签订的协议，如果发生纠纷，应当通过民事诉讼解决。而 2015 年 5 月 1 日之后签订的协议，才应当适用新颁布的行政诉讼法的规定，通过行政诉讼途径解决相关争议。本书认为，这种仅仅以行政诉讼法的颁行时间作为判断行政协议受理方式依据的做法有欠妥当，理由如下：

首先，修改前的《行政诉讼法》以及《最高人民法院关于执行〈中华人民共和国行政诉讼法〉若干问题的解释》（以下简称《执行解释》）虽然没有明确规定行政协议的内容，但并未排除人民法院对行政协议争议的管辖。修改前的《行政诉讼法》第十一条第八项规定，认为行政机关侵犯其他人身权、财产权的情形，属于行政诉讼的受案范围。而从修改后的《行政诉讼法》对行政协议纠纷“认为行政机关不依法履行、未按照约定履行或者违法变更、解除政府特许经营协议、土地房屋征收补偿协议等协议的”的规定来看，行政协议纠纷只是行政机关可能侵犯相对人人身权、财产权的一种具体表现形式，因此，其完全可以被之前的法律规定所包含。此外，《最高人民法院关于规范行政案件案由的通知》（法发〔2004〕2 号）也已经将行政合同纳入了受案范围。

其次，《立法法》第九十二条规定：“同一机关制定的法律、行政法规、地方性法规、自治条例和单行条例、规章，特别规定与一般规定不一致的，适用特别规定；新的规定与旧的规定不一致的，适用新的规定。”第九十三条规定：“法律、行政法规、地方性法规、自治条例和单行条例、规章不溯及既往，但为了更好地保护公民、法人和其他组织的权利和利益而作的特别规定除外。”据此，虽然立法领域是以法不溯及既往为原则，但保留了一个例外，那就是为了“更好地保护公民、法人和其他组织的权利和利益”。根据这一原则，在新法对当事人权利保护更有利的情况下，对旧的行为可以适用新的规定。修改后的《行政诉讼法》明确将行政协议列举为受案范围，是新的规定。同时，新法及其司法解释在允许行政诉讼适用不相冲突的民事法律规范的同时，对于行政协议类案件的处理还在很多方面为相对人提供了较民事案件更好的保护途径。这些规定，在特定情况下可以视作是为了更好地保护公民、法人和其他组织的权利和利益而作的特别规定，不宜一概排除适用。

再次，对于修改后的《行政诉讼法》公布前不同类型的行政协议应当如何对待，要根据协议本身的性质和司法实践的情况具体分析。例如，对于国有土地房屋拆迁补偿协议纠纷，《最高人民法院关于受理房屋拆迁、补偿、安置等案件问题的批复》(法复〔1996〕12 号)明确规定："拆迁人与被拆迁人因房屋补偿、安置等问题发生争议，或者双方当事人达成协议后，一方或者双方当事人反悔，未经行政机关裁决，仅就房屋补偿、安置等问题，依法向人民法院提起诉讼的，人民法院应当作为民事案件受理"，据此，新法实施后，虽然明确此类协议为行政协议，甚至我们可以从理论上认为当时此类协议在性质上也属于行政协议，但是，由于当时司法解释对此有明确规定，而对协议性质的认定属于实体问题，根据实体从旧的原则，将此类案件作为民事案件受理是恰当的。类似的还有《政府采购法》第 43 条的规定："政府采购合同适用合同法。"但是，对于其他法律、法规、司法解释没有明确规定按照民事案件受理的协议纠纷，则应当从协议和争议本身的性质以及是否有利于纠纷解决的角度入手，判断适用案件的诉讼途径。

最后，通过对修改后《土地管理法》相关规定的分析，我们会发现，修改后的《土地管理法》规定，县级以上地方人民政府与拟征收土地的所有权人、使用权人就补偿、安置等事项签订协议后方可申请征收土地。从而将签订补偿安置协议作为履行县级以上地方人民政府申请征收土地必须履行的前提条件。这一变化，无疑进一步明确了安置补偿协议作为行政协议的性质和地位。

至于在被征收人不履行协议的情况下，行政机关是否能够提起民事诉讼的问题。目前，根据修改后的《行政诉讼法》的规定，行政机关不可以作为原告提起行政诉讼，其主要原因是：如果允许行政诉讼中出现"官告民"，则无法体现行政诉讼的本质属性，《行政诉讼法》的修改将呈现出"倒退"的趋势。且行政机关多数情况下有相应的行政手段保证协议的履行，也没有必要通过诉讼途径解决问题。对此，本书认为，行政诉讼的本质和功能并不限于“民告官”，而应当是解决行政主体与行政相对人之间因行政法律关系产生的行政纠纷。因此，正如《民事诉讼法》将民事诉讼定位为“公民之间、法人之间、其他组织之间以及他们相互之间因财产关系和人身关系”提起的诉讼，行政主体与行政相对人之间因行政法律关系纠纷而提起的诉讼，本质上也都应当属于行政诉讼的范畴。由于行政协议关系属于行政法律关系的范畴，因此，不管是“民告官”还是“官告民”都应当被纳入行政诉讼的体系中来，只不过在行政诉讼中可以准用不相冲突的民事法律规范来而已。后者只具有工具意义，我们既不能因此将其排除在行政诉讼之外，更不能本末倒置地将行政协议纳入民事诉讼的范畴。在目前的立法体系下，对于被征收人不履行协议的行为，可以考虑通过非诉执行程序来解决。具体可分为以下三种情况：

（1）协议约定了强制执行条款。此时，由于执行的内容明确且无争议，因此行政机关在催告后相对方仍不履行的，理论上可以据此直接提请人民法院予以执行。《联邦德国行政程序法》第六十一条作出了类似的规定，合同订立人均可表示接受由第五十四条第二句所指的公法合同所规定的即时强制执行。在此行政机关须由其主管、其一般代理人或具有法官职位资格或德意志法官法第一百一十条第一句条件的公职人员作为代表。经订约行政机关的业务主管机关批准，接受即时强制执行方为有效。如该接受是由联邦或州最高机关作出的，不需要批准。此外，我国《民事诉讼法》第二百三十八条亦规定：“对公证机关依法赋予强制执行效力的债权文书，一方当事人不履行的，对方当事人可以向有管辖权的人民法院申请执行，受申请的人民法院应当执行。”该条明确了双方约定强制执行条款的情况下，债权文书可以成为执行的法律依据。但由于对是否需要经过公证，能否保证协议的平等性，可否直接作为强制执行依据等问题存有争议。《关于审理行政协议案件若干问题的规定》第 24 条没有采纳这一做法，而将此类情况与普通负担性条款的执行一样，规定行政机关需作出要求履行协议的书面决定，再由此进入执行程序。

（2）协议只约定负担性条款，而没有约定强制执行条款。此时，由于待执行的对象不明确，且考虑到根据《行政强制法》第五十三条“当事人在法定期限内不申请行政复议或者提起行政诉讼，又不履行行政决定的，没有行政强制执行权的行政机关可以自期限届满之日起三个月内，依照本章规定申请人民法院强制执行”的规定，人民法院强制执行的只能是行政机关作出的行政决定，而行政协议中一般性的负担性条款显然不能直接作为强制执行的对象。此时，公民、法人或者其他组织就行政协议约定的义务在法定或者约定期限内既不提起诉讼又不履行的，行政机关应当首先根据协议内容，针对相对方应当履行的义务或承担的责任作出要求履行的行政决定。对于该决定，协议相对方可以提起诉讼或申请复议，如果相对方既不提起复议或诉讼，又不执行的，行政机关可以依法申请人民法院强制执行，人民法院应当依法受理。

(3)协议虽没有约定强制执行条款，但法律明确规定签订协议的行政机关有监督履行的职权。此种情况下，公民、法人或者其他组织未按照约定履行协议义务，经催告后仍不履行时，行政机关可以依职权作出处理决定。公民、法人或者其他组织在收到该处理决定后，在法定期限内未申请行政复议或者提起行政诉讼，又不履行的，行政机关可以向人民法院申请强制执行，人民法院应当依法受理。

【相关案例】

蒋某与重庆高新技术产业开发区管理委员会（以下简称重庆高新区管委会）、重庆高新技术产业开发区征地服务中心（以下简称征地服务中心）行政协议案*

基本案情：2016 年 7 月 21 日，蒋某向重庆市第五中级人民法院提起本案诉讼称，征地服务中心于 2015 年 12 月 25 日与其签订的《征地拆迁补偿安置协议》主体不适格，实体内容及程序均属违法。故请求法院判决撤销该《征地拆迁补偿安置协议》，并对协议依据的渝府发〔2008〕45 号文件进行合法性审查。原

---

* (2017)最高法行再49号。

审法院以蒋某起诉请求撤销《征地拆迁补偿安置协议》,其起诉状中所诉理由均系对签订协议时主体、程序以及协议约定和适用法律所提出的异议,不属于行政机关不依法履行、未按照约定履行或者违法变更、解除协议内容的范畴。故蒋某的起诉不属于人民法院行政诉讼受案范围,裁定驳回起诉。

裁判摘要:行政协议是指行政机关在行使行政职权、履行行政职责过程中与公民、法人或者其他组织协商订立的协议。就争议类型而言,除《行政诉讼法》第十二条第一款第十一项所列举的四种行政协议争议外,还包括协议订立时的缔约过失,协议成立与否,协议有效无效,撤销、终止行政协议,请求继续履行行政协议、采取相应的补救措施、承担赔偿和补偿责任以及行政机关监督、指挥、解释等行为产生的行政争议。将行政协议争议仅理解为《行政诉讼法》第十二条第一款第十一项规定的四种情形,既不符合现行法律及司法解释的规定,在理论上也难以自圆其说,且在实践中容易造成不必要的混乱。从现行行政诉讼法、合同法及其司法解释的相关规定看,对行政协议的起诉不仅限于《行政诉讼法》第十二条第一款第十一项列举的四种情形。裁定:一、撤销重庆市第五中级人民法院(2016)渝05行初277号行政裁定及重庆市高级人民法院(2016)渝行终605号行政裁定;二、指令重庆市第五中级人民法院继续审理本案。

11 经非诉执行程序审查，并准予执行的行政行为，可否作为被诉行政行为

【问题的由来】

在行政机关申请执行行政行为的非诉执行案件中，人民法院会对申请执行的行政行为的合法性进行审查。《行政诉讼法》第九十七条规定："公民、法人或者其他组织对行政行为在法定期限内不提起诉讼又不履行的，行政机关可以申请人民法院强制执行，或者依法强制执行。"据此，一般而言，进入非诉执行审查程序的案件，不存在进入诉讼审查程序的问题。但实践中，由于行政行为送达程序等方面的不规范，确实存在已经非诉执行审查的行政行为，仍然被当事人提起诉讼的情况。在此情形下，经非诉执行程序审查的案件，能否对以同一行政行为为诉讼标的的行政诉讼案件产生羁束力，实践当中存有争议。

【不同观点】

一种观点认为，经非诉执行程序审查后作出的准予执行裁定已经对行政行为进行了合法性审查，当事人再以该行为为对象提起诉讼，属于诉讼标的为人民法院生效裁定书所羁束的情形。因此，对此类行政行为不服提起诉讼的，人民法院应当裁定不予受理；

另一种观点认为，虽然准予执行裁定会对被申请行政行为的合法性进行一定程度的审查，但准予强制执行程序在审查内容、审查标准以及审查期限等方面均不同于进入诉讼程序的行政裁定或是判决，因此，准予强制执行裁定不同于一般的生效裁定，其不能对相关案件产生羁束效力。当事人对经非诉执行审

查裁定准予执行的行政行为不服，只要符合受理条件，仍可向人民法院提起诉讼。

【裁判思路与裁判规则】

《行政强制法》第五十三条规定："当事人在法定期限内不申请行政复议或者提起行政诉讼，又不履行行政决定的，没有行政强制执行权的行政机关可以自期限届满之日起三个月内，依照本章规定申请人民法院强制执行。"据此，理论上讲，凡是申请强制执行的行政行为，都是已经超过起诉期限，人民法院不会再受理的行政行为。因此，通常情况下不会出现行政行为已经进入并走完非诉执行程序，又进入法院诉讼的情况。基于此，《最高人民法院关于"裁执分离"后行政机关组织实施行为是否具有可诉性问题的批复》(〔2017〕最高法行他 550 号，以下简称《550 号批复》)规定："人民法院受理行政机关申请执行其行政行为的案件，对行政行为的合法性进行审查。人民法院依法作出准予执行裁定的，行政机关就其申请并经法院审查准予执行的行政决定所实施的强制执行行为，仍属于行政行为。该行为是否可诉，应根据当事人的诉讼请求及理由作区分处理：一、人民法院作出准予执行裁定后，公民、法人或者其他组织又就行政机关申请执行的行政行为提起行政诉讼或者行政赔偿诉讼的，人民法院不予受理。二、被执行人及利害关系人仅以行政机关据以申请执行的行政行为(决定)本身违法等为由主张行政机关实施的强制执行行为违法提起行政诉讼或者行政赔偿诉讼的，人民法院不予受理。三、被执行人及利害关系人以行政机关实施的强制执行行为存在违反法定程序、与人民法院作出的准予执行裁定确定的范围、对象不符等特定情形，给其造成损失为由提起行政诉讼或者行政赔偿诉讼的，人民法院应当依法受理。"该批复确立了对于已经非诉执行审查的行政行为(除其在实施过程中存在违法行为外)人民法院不再受理的原则。

但实践中的情形是比较复杂的，550 号批复应当说只是针对通常情况作出了规定。在行政机关急于落实行政行为，而非诉执行审查程序又把关不严等因素的作用下，完全有可能出现由于行政机关的执行或催告通知未依法送达被执行人，从而导致进入非诉执行审查的案件并未超过起诉期限，被执行人仍然享有诉权的情况。此时,由于非诉执行裁定本身没有有效的救济途径,如果简单的以行政行为受到生效执行裁定羁束为由不予受理,实际上就是在用行政机关和司法机关的错误来惩罚相对人,这显然是不适当的。

此外,从审查方式上来看,《行诉解释》第一百五十五条规定:“行政机关根据行政诉讼法第九十七条的规定申请执行其行政行为,应当具备以下条件:(一)行政行为依法可以由人民法院执行;(二)行政行为已经生效并具有可执行内容;(三)申请人是作出该行政行为的行政机关或者法律、法规、规章授权的组织;(四)被申请人是该行政行为所确定的义务人;(五)被申请人在行政行为确定的期限内或者行政机关催告期限内未履行义务;(六)申请人在法定期限内提出申请;(七)被申请执行的行政案件属于受理执行申请的人民法院管辖。行政机关申请人民法院执行,应当提交行政强制法第五十五条规定的相关材料。”《行政强制法》第五十五条规定:“行政机关向人民法院申请强制执行,应当提供下列材料:(一)强制执行申请书;(二)行政决定书及作出决定的事实、理由和依据;(三)当事人的意见及行政机关催告情况;(四)申请强制执行标的情况;(五)法律、行政法规规定的其他材料。强制执行申请书应当由行政机关负责人签名,加盖行政机关的印章,并注明日期。”从上述规定可以看出,目前,我国的非诉执行审查模式主要是根据行政机关的单方申请,就其提供的有关材料进行审查。由于该程序的前提是行政行为已经生效,并经过了异议期,因此,非诉执行审查程序中对行政行为的审查,与进入诉讼程序后的审查在审查内容和审查标准上都存在很大的差别。《行诉解释》第一百六十一条规定:“被申请执行的行政行为有下列情形之一的,人民法院应当裁定不准予执行:(一)实施主体不具有行政主体资格的;(二)明显缺乏事实根据的;(三)明显缺乏法律、法规依据的;(四)其他明显违法并损害被执行人合法权益的情形。”不难看出,非诉执行程序的审查标准是“明显”违法,这显然与一般的诉讼程序的审查标准不同。而一个具有既判力,从而可以阻断后案的裁判,应当是在审查对象、审查程序,尤其是在审查程度上相当的裁判。故而,本书认为,准予执行裁定本质上不同于《行诉解释》第六十九条第一款第九项所规定的“生效裁判”,对于已经执行审查的行政行为,如果当事人起诉时,确未超过起诉期限,不能简单的以受到非诉执行裁定的羁束为由不予立案。当然，此类案件进入审理程序后，如果经审查发现被诉行政行为确有错误，需要纠正，应当在作出裁判前，通过《行政诉讼法》第九十二条规定的发现程序对准予执行裁定先行纠正。

【相关案例】

徐某诉庐江县住房和城乡建设局房屋拆迁裁决案*

基本案情：2015 年 2 月 4 日，徐某家位于庐江县庐城镇城中西路 157 号的两间房屋被庐江县人民政府强行拆除，执行的依据是安徽省庐江县人民法院（2014）庐江行非审字第 33 号执行裁定书。徐某不服庐建拆裁字（2013）10 号房屋拆迁裁决，向人民法院提起诉讼，一、二审法院均不予立案。

裁判摘要：本案徐某的诉请是确认庐江县住建局作出的庐建拆裁字（2013）10 号房屋拆迁裁决违法，一、二审裁定以其起诉的诉讼标的受已生效的准予强制执行裁定的内容所羁束为由，对徐某的起诉不予立案。因准予强制执行裁定的审查内容、审查标准以及审查期限等均不同于进入诉讼程序的行政裁定，因此，准予强制执行裁定不属于上述法律规定的生效裁定书的范围，故一、二审裁定以此为由，驳回徐某的起诉，适用法律错误，应予纠正。

---

* （2016）最高法行申 1276 号。

12 行政机关根据人民法院的协助执行通知书实施的强制拆除行为，是否属于人民法院受案范围

【问题的由来】

行政机关根据人民法院的协助执行通知书实施的强制拆除行为，属于司法协助行为还是行政行为，情况较为复杂，理论界也存在不同意见。由此导致实践中对此类行为的可诉性存有不同认识。

【不同观点】

一种观点认为，行政机关根据人民法院的协助执行通知书实施的强制拆除行为，属于司法协助行为，不可诉。

另一种观点认为，行政机关根据人民法院的协助执行通知书实施的强制拆除行为，属于司法协助行为。但是，该行为如果超出协助执行通知书的范围，或实施程序违法，则属于可诉的行政行为。

还有一种观点认为，行政机关根据人民法院的协助执行通知书实施的强制拆除行为，虽然是协助司法机关实现判决、裁定的行为，但本质上还是一种行政行为。在协助执行通知书的范围内，该行政行为没有对被执行人的权利义务产生额外的影响，故而不可诉；但是如果该行为超出协助执行通知书的范围，或实施程序违法，则独立的给被执行人的权利义务施加了不利影响，故而属于可诉的行政行为。

【裁判思路与裁判规则】

本书同意第三种观点。《最高人民法院关于行政机关根据法院的协助执行

通知书实施的行政行为是否属于人民法院行政诉讼受案范围的批复》(法释〔2004〕6号)规定:"行政机关根据人民法院的协助执行通知书实施的行为,是行政机关必须履行的法定协助义务,不属于人民法院行政诉讼受案范围。但如果当事人认为行政机关在协助执行时扩大了范围或违法采取措施造成其损害,提起行政诉讼的,人民法院应当受理。"该规定虽然明确了何种情况下行政机关的协助执行行为可诉,但是没有明确协助执行行为本身的性质。2017年出台的《550号批复》规定:"人民法院受理行政机关申请执行其行政行为的案件,对行政行为的合法性进行审查。人民法院依法作出准予执行裁定的,行政机关就其申请并经法院审查准予执行的行政决定所实施的强制执行行为,仍属于行政行为。该行为是否可诉,应根据当事人的诉讼请求及理由作区分处理:一、人民法院作出准予执行裁定后,公民、法人或者其他组织又就行政机关申请执行的行政行为提起行政诉讼或者行政赔偿诉讼的,人民法院不予受理。二、被执行人及利害关系人仅以行政机关据以申请执行的行政行为(决定)本身违法等为由主张行政机关实施的强制执行行为违法提起行政诉讼或者行政赔偿诉讼的,人民法院不予受理。三、被执行人及利害关系人以行政机关实施的强制执行行为存在违反法定程序、与人民法院作出的准予执行裁定确定的范围、对象不符等特定情形,给其造成损失为由提起行政诉讼或者行政赔偿诉讼的,人民法院应当依法受理。"根据该批复规定,行政机关申请人民法院强制执行行政行为,人民法院依法作出准予执行的裁定后,行政机关依据准予执行裁定实施的强制拆除房屋行为,属于行政机关执行人民法院生效裁定的行为,该行为仍然属于行政行为,只是在没有给被执行人造成额外损失的情况下,不属于行政诉讼的受案范围。如果当事人以行政机关在协助执行强制拆除房屋时,扩大了范围、对象错误或是违法采取措施造成其不应有的损害为由提起诉讼,并能够提供初步的事实根据的,则对其提起的行政复议或者行政诉讼,复议机关和司法机关应当予以受理。

针对这一问题的讨论,还涉及诉的适法性和理由具备性问题。虽然对此类案件审理的结果有可能是当事人的诉讼请求并不成立,行政行为不存在扩大范围或违法强制的问题,但这是诉的理由具备性问题,我们只有经过实体审理方能得出这样的结论。司法机关或复议机关对该事实是否存在进行审查的前提是立案,而立案是一个作为对诉的适法性进行审查的阶段,其所要求的是行政行为“可能”对当事人的权利义务产生不利影响,当事人即可因此获得诉讼或复议的实施权。因此,此类问题要将诉的适法性和诉的理由具备性问题区别看待。具体到集体土地征收类案件,《最高人民法院关于审理涉及农村集体土地行政案件若干问题的规定》第二条规定:“土地登记机构根据人民法院生效裁判文书、协助执行通知书或者仲裁机构的法律文书办理的土地权属登记行为,土地权利人不服提起诉讼的,人民法院不予受理,但土地权利人认为登记内容与有关文书内容不一致的除外。”类似地,《最高人民法院关于审理房屋登记案件若干问题的规定》第二条规定:“房屋登记机构根据人民法院、仲裁委员会的法律文书或者有权机关的协助执行通知书以及人民政府的征收决定办理的房屋登记行为,公民、法人或者其他组织不服提起行政诉讼的,人民法院不予受理,但公民、法人或者其他组织认为登记与有关文书内容不一致的除外。”这些都是上述原则和精神的体现。

【相关案例】

汤某诉辽宁省义县人民政府强制拆除房屋案*

基本案情:义县人民政府(以下简称义县政府)作出义政征字(2013)第1号房屋征收决定,汤某的住宅房屋在征收范围内。在补偿安置方案约定的期限内,汤某与征收管理部门未达成补偿协议。义县政府作出义政征补(2013)第1号房屋征收补偿决定,并向汤某送达。随后义县政府申请法院强制执行1号补偿决定,义县人民法院作出(2013)义行非执字第6号行政裁定,准予强制执行,由义县政府组织实施。义县政府组织相关人员对汤某房屋实施强制拆除。汤某不服,提起本案行政诉讼,请求确认义县政府强制拆除行为违法。一、二审法院均判决驳回诉讼请求,汤某向最高人民法院申请再审。

---

* (2016)最高法行申4140号。

裁判摘要:根据裁执分离原则,市、县人民政府依照人民法院准予执行裁定,组织实施强制拆除房屋的行为,不属于行政诉讼的受案范围。除非当事人认为政府组织实施强制拆除行为超出准予执行行政裁定的执行范围,或者强制执行措施、强度超过法律规定造成当事人合法权益损失,一般情况下,市、县人民政府依照人民法院准予执行行政裁定组织实施的行为不可诉。汤某的起诉不符合法定的立案条件,应当裁定驳回起诉。

13 经批准的征地补偿安置方案是否可诉

【问题的由来】

由于《土地管理法实施条例》第二十五条第三款只规定了被征收人"对补偿标准有争议的"可以申请裁决,而没有明确对于包含征地补偿标准的征地补偿安置方案是否可以申请裁决,故而,对于经批准的征地补偿安置方案的可诉性,审判实践中存在不同认识。

【不同观点】

一种观点认为,征地补偿安置方案本身并未对被征收人的权利义务产生实际影响,且《土地管理法实施条例》也没有将征地补偿安置方案明确为可裁决对象,因此,征地补偿安置方案不可诉。被征收人可以就最终的安置补偿行为提起诉讼。

另一种观点认为,一方面,征地补偿安置标准是征地补偿安置方案的核心和主要内容,二者是内容和载体的关系,不能截然分开。既然允许对安置补偿标准提起协调、裁决和诉讼,也应当将其载体即安置补偿方案纳入审查范围。另一方面,《征收土地公告办法》第八条规定:"征地补偿安置方案公告应当包括下列内容:(一)本集体经济组织被征收土地的位置、地类、面积,地上附着物和青苗的种类、数量,需要安置的农业人口的数量;(二)土地补偿费的标准、数额、支付对象和支付方式;(三)安置补助费的标准、数额、支付对象和支付方式;(四)地上附着物和青苗的补偿标准和支付方式;(五)农业人员的具体安置途径;(六)其他有关征地补偿、安置的具体措施。"这其中除狭义的安置补偿标准之外的其他要素，本质上来说也属于广义的“征地补偿安置标准”，应当同等对待。因此，安置补偿方案属于协调、裁决或复议的受案范围，从而也属于行政诉讼的受案范围。

【裁判思路与裁判规则】

征地补偿安置方案是否可诉的问题，需要从何为补偿安置方案入手。而这一问题涉及补偿安置方案、征收土地方案和征地补偿标准的关系问题。《土地管理法实施条例》第二十条规定，征收集体土地的流程主要有：市、县级人民政府按照土地利用年度计划拟定“三方案”（农用地转用方案、补充耕地方案、征收土地方案），分批次逐级上报有批准权的人民政府；有批准权的人民政府土地行政主管部门审查并提出审查意见，报有批准权的人民政府批准；由市、县人民政府组织实施。其中，征收土地方案从内容上看，根据原国土资源部《建设用地审查报批管理办法》第十一条第三款的规定，应当包括征收土地的范围、种类、面积、权属，土地补偿费和安置补助标准，需要安置人员的安置途径等。在征收土地方案经有批准权的人民政府批准后，《土地管理法实施条例》第二十五条第三款规定，市、县人民政府土地行政主管部门要根据经批准的征收土地方案，会同有关部门拟定征地补偿、安置方案。拟定的征地补偿、安置方案进行公告，征求意见后，经市、县人民政府批准，由土地主管部门组织实施。从内容上看，原国土资源部《征收土地公告办法》第八条规定：“征地补偿安置方案公告应当包括下列内容：（一）本集体经济组织被征收土地的位置、地类、面积，地上附着物和青苗的种类、数量，需要安置的农业人口的数量；（二）土地补偿费的标准、数额、支付对象和支付方式；（三）安置补助费的标准、数额、支付对象和支付方式；（四）地上附着物和青苗的补偿标准和支付方式；（五）农业人员的具体安置途径；（六）其他有关征地补偿、安置的具体措施。”那么《土地管理法实施条例》第二十五条规定的补偿标准，又该如何理解呢？《土地管理法》第四十七条规定：“征收土地的，按照被征收土地的原用途给予补偿。”“征收耕地的补偿费用包括土地补偿费、安置补助费以及地上附着物和青苗的补偿费。征收耕地的土地补偿费，为该耕地被征收前三年平均年产值的六至十倍。征收耕地的安置补助费,按照需要安置的农业人口数计算。需要安置的农业人口数,按照被征收的耕地数量除以征地前被征收单位平均每人占有耕地的数量计算。每一个需要安置的农业人口的安置补助费标准,为该耕地被征收前三年平均年产值的四至六倍。但是,每公顷被征收耕地的安置补助费,最高不得超过被征收前三年平均年产值的十五倍。”“征收其他土地的土地补偿费和安置补助费标准,由省、自治区、直辖市参照征收耕地的土地补偿费和安置补助费的标准规定。”“被征收土地上的附着物和青苗的补偿标准,由省、自治区、直辖市规定。”“依照本条第二款的规定支付土地补偿费和安置补助费,尚不能使需要安置的农民保持原有生活水平的,经省、自治区、直辖市人民政府批准,可以增加安置补助费。但是,土地补偿费和安置补助费的总和不得超过土地被征收前三年平均年产值的三十倍。”“国务院根据社会、经济发展水平,在特殊情况下,可以提高征收耕地的土地补偿费和安置补助费的标准。”根据上述规定,“补偿标准”包括了土地补偿标准、安置补助标准以及房屋、青苗等其他地上附着物的补偿标准。为进一步明确和完善相关补偿标准,原国土资源部于 2004 年 11 月 3 日下发《关于完善征地补偿安置制度的指导意见》(国土资发〔2004〕238 号),该意见从四个方面提出了指导意见,主要涉及的是关于征地补偿标准、关于被征地农民安置途径、关于征地工作程序和关于征地监管。在征地补偿标准中,细化了统一年产值标准的制定、统一年产值倍数的确定、征地区片综合地价的制定、土地补偿费的分配。其中,全省统一年产值标准由省级国土资源部门会同有关部门制定省域内各县(市)耕地的最低统一年产值标准,由省政府批准后公布。征地统一年产值标准是在一定区域内(以市、县行政区域为主),综合考虑被征收农用地类型、质量、农用地等级、农民对土地的投入以及农产品价格等因素,以前三年主要农产品平均产量、价格为主要依据测算的综合收益值。征地片区综合地价,是指在城镇行政区土地利用总体规划确定的建设用地范围内,依据地类、产值,土地区位、农用地等级、人均耕地数量、土地供求关系、当地经济发展水平和城镇居民最低生活保障水平等因素,划分区片并测算的征地综合补偿标准,原则上不含地上附着物和青苗补偿费。为指导各地制定征地统一年产值标准和区片综合地价,原国土资源部还下发了《征地统一年产值标准测算指导性意见(暂行)》

和《征地区片综合地价测算指导性意见(暂行)》,供各地参照执行。总体上看,征地补偿标准由省级人民政府国土资源部门制定,2~3年更新一次,由省政府公布实施。可见,征地补偿标准具有多层次性:国家层面,对耕地的补偿标准作出了规定。而耕地补偿中的平均年产值,以及安置补助、房屋和地上附着物的补偿标准等,则是交由省级人民政府土地主管部门制定,以省政府名义公布;然后由市、县人民政府根据全省征地补偿标准,制定适用于本市、县的征地补偿标准。该标准一旦确定,就对一定时间内、特定范围内的不特定主体反复适用。因此,征地补偿标准就其性质而言,具有抽象行政行为的属性。

从补偿安置方案、征收土地方案和征地补偿标准的关系看,要将前述具有抽象行政行为性质的征地补偿标准转换为某一区域或者某一区片的征收补偿标准,就要依托土地管理部门制订的征地补偿安置方案,而该方案的主要内容则是包括在征收土地方案中,报经省级以上人民政府批准的。因此,从内容上看,征地补偿标准是制订征地补偿安置方案的依据,也是制订征收土地方案的依据。征收土地方案要实际对外发生法律效力,需要当地土地行政主管部门根据实际征地和被征收人实际情况,将征收土地方案转换为征地补偿、安置方案,并将普遍适用的补偿标准转换为适用于具体征收项目的补偿安置标准。综合上述分析,省级以上人民政府对征收土地方案的批复,经公告,对外产生了征收土地的效力;但就其中所涉及的补偿安置内容来说,还只是一个内部批准行为,对被征收人产生法律效力的是市、县级人民政府的土地管理部门根据征收土地方案制订,对外公布并征求意见,最终经市、县级人民政府批准的征地补偿、安置方案,以及该方案中确定的补偿标准。被征收人如果对征收补偿不服,其权利救济途径应当是对征地补偿、安置方案及其所确定的具体的补偿标准请求复议或者裁决,而不能对征收土地方案或是各级人民政府制定的普遍适用的补偿标准请求复议或者提起诉讼。

接下来,我们再从安置补偿方案争议解决机制本身的发展,来考察其可诉性问题。1998年12月27日颁布实施的《土地管理法实施条例》第二十五条第三款规定:"……对补偿标准有争议的,由县级以上地方人民政府协调;协调不成的,由批准征收土地的人民政府裁决。征地补偿、安置争议不影响征收土地方案的实施。”自此，征地安置、补偿争议裁决机制作为一种重要的征地纠纷解决机制建立起来。2001 年 10 月，原国土资源部发布的《征收土地公告办法》第十五条规定：“因未按照依法批准的征收土地方案和征地补偿、安置方案进行补偿、安置引发争议的，由市、县人民政府协调；协调不成的，由上一级地方人民政府裁决。征地补偿、安置争议不影响征收土地方案的实施。”2004 年 10 月 21 日，《国务院关于深化改革严格土地管理的决定》（国发〔2004〕28 号）再次明确要求：“要加快建立和完善征地补偿安置争议的协调和裁决机制，维护被征地农民和用地者的合法权益。”2006 年，原国土资源部印发《关于加快推进征地补偿安置争议协调裁决制度的通知》（国土资发〔2006〕133 号），该通知明确，协调裁决不对经依法批准的征地合法性进行审查，故征地行为的合法行为不属于裁决对象。除此之外，该通知还指出：“协调裁决的范围主要有：对市、县人民政府批准的征地补偿安置方案有异议的；对适用征地补偿安置方案涉及的对被征土地地类、人均耕地面积、被征土地前三年平均年产值的认定有异议的；实行区片综合地价计算征地补偿费的地区，对区片综合地价的适用标准和计算有异议的。”此后，《国务院法制办公室关于依法做好征地补偿安置争议行政复议工作的通知》（国法〔2011〕35 号）虽将裁决改为复议，但仍然明确“被征地集体经济组织和农民对有关市、县人民政府批准的征地补偿、安置方案不服要求裁决的，应当依照行政复议法律、法规的规定向上一级地方人民政府提出申请。”从而将整个安置补偿方案，而非仅仅是狭义的补偿标准纳入了新的复议制度当中。不难看出，征地补偿安置裁决机制的处理对象，并不限于狭义的安置补偿标准，事实上，包括对征地补偿和安置对象的确定、本集体经济组织被征收土地的地类和人均耕地面积等在内的整个征地补偿和安置方案争议，均可以纳入征地补偿安置争议协调和裁决制度以及行政复议途径解决。

事实上，不仅在国家制度层面，全国各地方在建立征地补偿安置争议协调裁决机制时早已屡有突破和尝试。如《重庆市征地补偿安置争议协调裁决办法》（渝府办发〔2016〕98 号）第六条规定：“被征地农村集体经济组织、农村村民和其他权利人对区县（自治县）人民政府批准的征地补偿安置方案有异议的，以及对适用征地补偿安置方案涉及的人均耕地面积、安置农业人口数、安置对象的认定等有异议的,可以依法申请协调和裁决。”第七条规定:“对土地补偿费标准和人均耕地面积、安置农业人口数的认定有争议的,由被征地的农村集体经济组织申请协调和裁决;对安置补助费、住房安置标准有争议的,由被安置人员申请协调和裁决;对安置对象的认定有争议的,由异议人申请协调和裁决;对房屋、青苗和地上附着物补偿标准有争议的,由其所有权人申请协调和裁决。被征地农户涉及多个申请人和多个申请事项的,应当以户为单位一次性提出协调、裁决申请。前款中提出争议的农村集体经济组织、农村村民和其他权利人是协调、裁决的申请人。组织实施征地补偿安置方案的区县(自治县)国土资源部门是协调、裁决的被申请人。”该规定将对征地补偿标准不服、对征地补偿和安置对象以及相应补偿标准的认定不服、对经批准的征地补偿、安置方案不服三种争议均纳入了协调、裁决的范围。

究其根本,《土地管理法实施条例》第二十五条第三款设立征地补偿裁决制度的主要目的就是要通过裁决保障被征收人依法获得安置补偿的实体权益,而被征收人被征收土地的地类和面积、是否具有获得安置补偿的资格,以及安置补偿的方式和途径的合法与否,显然都是确定安置补偿利益的核心要素,这些要素对确定具体补偿标准至关重要。缺失这些要素,征地补偿便无从谈起,因此,它们与土地补偿费等各项费用的标准、数额等均属于实质意义上的“安置补偿标准”,从而应当纳入协调裁决和复议的范畴。

当然,属于协调、裁决或复议的范畴,并不一定就当然的属于诉讼的受案范围,这还要看作为裁决或复议对象的征地补偿安置方案是否对被征收人的权利义务产生实际影响,以及是否存在通过诉讼予以保护的必要性。例如,《国有土地上房屋征收与补偿条例》也规定了市、县级人民政府应当制订安置补偿方案,但是由于该方案确定的内容,在后续实施过程中,会最终以安置补偿协议或是安置补偿决定的形式表现出来,故而直接对被征收人直接产生影响的是上述协议或决定,此种情形下,由于缺乏权利保护的必要,安置补偿方案自然不具有可诉性。但是,与国有土地上房屋征收不同的是:集体土地征收过程中如果征收人与被征收人双方最终未能达成协议,法律上并不存在一个确定征收人与被征收人双方安置补偿权利义务的“补偿决定”。在这一点上,集体土地征收与国有土地征收在整体思路可以说是截然相反的：国有土地征收过程中，虽然也有安置补偿方案，但总体上看，安置补偿处于一种“后置”状态，即在具体的安置补偿过程中，通过协商、评估等方式确定安置补偿数额，同时结合安置补偿方案确定的安置方式，最终以安置补偿协议或是征收决定的方式确定被征收人的安置利益；而集体土地征收过程中，安置补偿则总体上呈现出一种“前置”的状态，即在征收开始之前，就将具体的安置补偿方案连同征地方案一起逐级提交各级人民政府审批，并随着征收工作的展开，逐步完善确定下来。而在具体开展的安置补偿过程中，则主要是对已经确定的安置补偿方案进行落实。最终，如果双方不能以安置补偿方案确定的标准为依据达成协议，不存在安置补偿决定这一法定形式。这样一来，对被征收人安置补偿利益产生影响的实质上就是经批准的安置补偿方案。在这种情况下，将经过裁决或复议的安置补偿方案纳入诉讼的受案范围，是可行且具有实际意义的，而且与《土地管理法》及其实施条例以及《最高人民法院关于审理涉及集体土地行政案件若干问题的规定》第十条规定的精神相吻合。值得注意的是，这一问题随着修改后的《土地管理法》的施行，以及相应的征地安置补偿协议程序前置的实现，将在较大程度上得到解决。

【需说明的问题】

这里需要补充说明的是，对征地补偿标准不服是引发征地争议的主要原因。本轮《土地管理法》修改的一个重要目标就是平衡好保障国家发展与维护农民权益的关系，在完善征地补偿安置问题上下工夫，确保被征地农民原有生活水平有提高，长远生计有保障。为此，修改后的《土地管理法》，将原第四十七条改为第四十八条，修改为：“征收土地应当给予公平、合理的补偿，保障被征地农民原有生活水平不降低、长远生计有保障。”“征收土地应当依法及时足额支付土地补偿费、安置补助费以及农村村民住宅、其他地上附着物和青苗等的补偿费用，并安排被征地农民的社会保障费用。”“征收农用地的土地补偿费、安置补助费标准由省、自治区、直辖市通过制定公布区片综合地价确定。制定区片综合地价应当综合考虑土地原用途、土地资源条件、土地产值、土地区位、土地供求关系、人口以及经济社会发展水平等因素，并至少每三年调整或者重新公布一次。”“征收农用地以外的其他土地、地上附着物和青苗等的补偿标准，由省、自治区、直辖市制定。对其中的农村村民住宅，应当按照先补偿后搬迁、居住条件有改善的原则，尊重农村村民意愿，采取重新安排宅基地建房、提供安置房或者货币补偿等方式给予公平、合理的补偿，并对因征收造成的搬迁、临时安置等费用予以补偿，保障农村村民居住的权利和合法的住房财产权益。”“县级以上地方人民政府应当将被征地农民纳入相应的养老等社会保障体系。被征地农民的社会保障费用主要用于符合条件的被征地农民的养老保险等社会保险缴费补贴。被征地农民社会保障费用的筹集、管理和使用办法，由省、自治区、直辖市制定。”

以上规定完善了对被征地农民合理、规范、多元的保障机制。2004 年以来，按照国务院要求，征地补偿制度不断完善，实行了区片综合地价和统一年产值标准，全国征地补偿标准普遍提高。这次修法将改革经验入法，通过综合考虑土地产值、区位、供求关系以及经济社会发展水平等因素来评估确定区片综合地价，给予公平合理补偿；农民住房不再作为地上附着物补偿，而是作为专门的住房财产权给予公平合理补偿；同时，要求将被征收土地的农村居民纳入相应的医疗、养老社会保障体系等，从而切实保障了被征地农民的长远生计。

【相关案例】

刘某诉郑州市人民政府行政复议案*

基本案情：刘某通过中牟县国土资源局 2017 年 4 月作出的《关于申请信息公开的说明》得知了《关于征收刘集镇集体土地补偿安置方案的批复》（牟政土〔2014〕281 号），刘某地上房屋属牟政土〔2014〕281 号批复所涉的征收范围内。刘某认为该批复同意的集体土地补偿安置方案侵犯了自己的合法权益，向郑州市人民政府提起行政复议，请求确认中牟县人民政府批准的牟政土〔2014〕281 号批复的行政行为违法，并依法撤销《关于征收刘集镇集体土地的补偿安置方

---

* （2019）最高法行再 103 号。

案》。郑州市人民政府于2017年5月22日收到该申请,于5月26日作出郑政(不受复决)字〔2017〕41号《不予受理行政复议申请决定书》,并于当天通过邮寄方式向刘某送达,该决定书认为:涉案《关于征收刘集镇集体土地的补偿安置方案》及批复不是具体行政行为,故该复议请求不属于行政复议受案范围。刘某对该不予受理行政复议申请决定书不服,提起诉讼。

裁判摘要:《土地管理法实施条例》第二十五条第三款规定,对补偿标准有争议的,由县级以上地方人民政府协调;协调不成的,由批准征收土地的人民政府裁决。国务院法制办公室《关于依法做好征地补偿安置争议行政复议工作的通知》(国法〔2011〕35号)规定,被征地集体经济组织和农民对有关市、县人民政府批准的征地补偿、安置方案不服要求裁决的,应当依照行政复议法律、法规的规定向上一级地方人民政府申请。根据上述规定,被征收人对经批准的征地补偿、安置方案不服的,可以向批准征收安置补偿方案的上一级地方人民政府申请行政复议。

本案中,刘某向郑州市人民政府申请行政复议的事项有两项内容:(1)确认中牟县人民政府批准的牟政土〔2014〕281号批复的行政行为违法;(2)依法撤销《关于征收刘集镇集体土地的补偿安置方案》。其中,中牟县人民政府的批复行为属于征地补偿安置方案作出前的过程性行政行为,不属于行政复议的受案范围,复议机关不予受理并无不当;但对于补偿安置方案,根据前述规定,在符合法定条件的情况下,复议机关应当予以受理。而本案中,郑州市人民政府并未查明申请人是否符合法定申请条件,即简单地以被诉《关于征收刘集镇集体土地的补偿安置方案》及批复不是具体行政行为为由,作出不予受理行政复议申请的决定,适用法律不当。

14 征地补偿安置方案的批准行为是否属于行政复议的受案范围

【问题的由来】

《行政诉讼法》和《行政复议法》分别对经批准的行政行为的诉讼和复议的对象作出了不一致的规定,由此导致实践当中对于征地补偿安置方案的批准行为是否属于复议范围,产生了不同的认识。

【不同观点】

一种观点认为,《行政复议法实施条例》第十三条规定:"下级行政机关依照法律、法规、规章规定,经上级行政机关批准作出具体行政行为的,批准机关为被申请人。"据此,征地补偿安置方案的批准行为属于复议的受案范围,且该复议应当以批准机关为被申请人。

另一种观点认为,《行诉解释》第十九条规定,"当事人不服经上级行政机关批准的行政行为,向人民法院提起诉讼的,以在对外发生法律效力的文书上署名的机关为被告"。具体到集体土地征收领域,根据《土地管理法实施条例》以及《征收土地公告办法》的相关规定,征地补偿、安置方案的批准机关为市、县人民政府,而其对外的发布和实施机关则是自然资源主管部门。鉴于批准行为只是内部的过程性行为,因此,不属于行政复议和行政诉讼的受案范围,被征收人只能以自然资源管理部门为被告,针对安置补偿方案以及具体的安置补偿行为提起复议或诉讼。

【裁判思路与裁判规则】

原则上同意第二种观点。《土地管理法实施条例》第二十五条第三款规定，征地补偿、安置方案报市、县人民政府批准后，由市、县人民政府自然资源主管部门组织实施。《征收土地公告办法》第七条规定："有关市、县人民政府土地行政主管部门会同有关部门根据批准的征收土地方案，在征收土地公告之日起45日内以被征收土地的所有权人为单位拟订征地补偿、安置方案并予以公告。"据此，征地补偿、安置方案最终由自然资源主管部门对外发布并实施。而对征地补偿、安置方案的批准行为，一方面，从性质上看，它属于安置补偿方案制订和实施过程中上级机关对下级机关请示事项进行答复和批准的过程性行政行为，属于行政审批中的政府内部审批事项。《国务院关于取消非行政许可审批事项的决定》（国发〔2015〕27号）规定，"经研究论证，国务院决定，在前期大幅减少部门非行政许可审批事项的基础上，再取消49项非行政许可审批事项，将84项非行政许可审批事项调整为政府内部审批事项。今后不再保留'非行政许可审批'这一审批类别。"基于此文件，行政审批事项应分为行政许可和政府内部审批事项等。对于政府内部审批事项，现行法律并没有明确的规定。但是，参考《行政许可法》第三条第二款"有关行政机关对其他机关或者对其直接管理的事业单位的人事、财务、外事等事项的审批，不适用本法"的规定，可以认为，内部审批不属于行政许可。内部审批一般是指行政机关对其内部事务的审批（比如对公务员职务任免的审批）或者按照行政隶属关系由上级行政机关对下级行政机关有关事项的审批（比如上级政府对下级政府申请的审批）。内部审批的一个重要特点是通常情况下它并不直接对外部行政相对人实施。因此，除非可以证明内部审批对行政相对人的权利义务产生了直接影响，否则对行政内部审批行为不服的，一般不能提起行政复议或者行政诉讼。另一方面，从救济的必要性看，根据本书对安置补偿方案可诉性的分析，既然经批准的安置补偿方案本身可以经过复议前置程序，纳入诉讼受案范围，在安置补偿方案的实施过程中，被征收人对于征收部门的作为或者不作为可以通过对安置补偿方案及其所确定的标准提起复议或诉讼进行救济，这足以保障被征收人的安置补偿利益。

在此情况下,单独对补偿安置方案的批准行为进行救济,没有实际意义。

至于对《行政复议法实施条例》第十三条规定的理解,本书认为,该条之所以如此规定,主要是考虑了两个方面的因素:一是防止此类行为的复议机关就是批准机关,甚至是批准机关的下级行政机关。在这种情况下,通过行政复议审查本机关甚至上级机关批准后作出的行政行为,行政复议很有可能形同虚设。二是防止权限冲突。在我国,除个别垂直领导部门外,基本的行政体制是双重领导,即一方面接受本级政府的领导,另一方面又接受上级主管部门的领导或是监督、指导。与此体制相对应,当接受双重领导的政府职能部门作为复议被申请人时,复议机关也有两个,一个是本级政府,另一个是上级主管部门。如果在需批准行政行为中,由下级行政机关作为复议被申请人,一旦复议申请人选择将下级行政机关的本级人民政府作为复议机关,就极易出现复议机关和批准机关的权限相互冲突的情况。因为,一般来说,作为本级政府的复议机关显然无权处理作为批准机关的上级主管部门的行为。

对此,本书认为:首先,从法律规范的角度来看,该条是关于复议被申请人,也就是复议案件当事人的规定。在《行政复议法》中,该部分被置于"行政复议范围"一节之后,也就是说,从逻辑上讲,应该在确定被申请复议的行政行为属于受案范围的前提下,才会涉及复议案件当事人的确定问题,而不能反过来,根据复议案件的当事人倒推被诉行为的可诉性。而对于复议案件的受理范围,《行政复议法》及其实施条例都作出了与《行政诉讼法》相同的规定,即以行政行为是否侵犯申请人的合法权益为核心标准。而如前文所述,在征地补偿安置方案的批准和实施过程中,对被征收人产生实际影响的是经批准的征地补偿安置方案,而不是它的批准行为。虽然作为批准机关,其主观意志也会对方案产生一定的影响,但这种影响是以外化的征地补偿安置方案为载体表现出来的,其本身并不直接针对被征收人。

其次,本条既然是解决复议案件当事人的问题,那么,其所要发挥的作用,完全可以在就安置补偿方案和标准问题提出的复议案件中得以实现,即,在以安置补偿方案和标准为对象提起的复议案件中,以安置补偿方案的批准机关,也就是市、县人民政府为被申请人,从而避免以市、县人民政府土地行政主管部门为被申请人可能带来的批准机关成为复议机关,或是上级土地行政主管部门行使市、县人民政府相关职权的问题。总之,《行政复议法实施条例》第十三条的规定,并不会因为批复行为的不可诉而被架空或是有所违反。

【需注意的问题】

《最高人民法院关于审理行政许可案件若干问题的规定》第四条规定:"当事人不服行政许可决定提起诉讼的,以作出行政许可决定的机关为被告;行政许可依法须经上级行政机关批准,当事人对批准或者不批准行为不服一并提起诉讼的,以上级行政机关为共同被告;……"该司法解释允许当事人在不服作出行政许可的上级行政机关的批准或不批准行为的情况下,将批准机关与许可的作出机关作为共同被告,一并提起诉讼。前面我们已经讲到,安置补偿方案的批复属于内部批准行为,不具有可诉性,但是,许可法司法解释关于经批准行为双被告的制度安排,在理论上是否可以适用于针对征地补偿安置方案提起的复议和诉讼案件,确实很有探讨的必要。

首先分析一下许可法司法解释该条规定的内涵。在行政许可领域,对于一个许可申请,如果下级机关批准,而上级机关不批准,那么,实际上行使否决权进而影响相对人权利义务的是上级机关的不批准行为。此时,虽然对外生效的许可决定仍然是下级机关作出,但如果仅对下级机关的许可行为提起诉讼,显然无法有效救济相对人的权利,因此,批准机关应当同为被告。但在下级机关批准、上级机关也批准的情况下,上级机关更像是一个复核机关,其批准的是下级机关的意思表示,最终对相对人产生实际影响的许可也是由后者作出。因此,理论上,相对人仅须通过对下级机关作出的许可决定提起复议或诉讼救济自身权利即可。这在行政诉讼领域没有问题,但是,在复议领域,就可能出现前面讨论过的,批准机关甚至是批准机关的下级机关成为复议机关,或是没有批准权的其他机关成为复议机关从而变相行使批准权的问题。为避免这种情况,在复议领域显然仍应当将批准机关和作出决定的原机关列为双被告为宜。但这样一来,就会出现同是一个下级行政机关经上级行政机关批准后以自己的名义作出的行政行为,当事人选择复议以及其后诉讼的当事人和直接提起诉讼的被告是不相同的局面。

为避免这种情况,本书认为,恰当的做法是借鉴行政许可法司法解释的经验,将复议与诉讼的当事人统一起来,具体来说:对经批准的行政行为,以批准机关和最终作出行政行为的机关为共同的被申请人。复议申请人仅以最终作出行政行为的机关为被申请人的,受理机关应当告知申请人追加被申请人或者依职权将批准机关追加为被申请人,并在重新确定具有管辖权的复议机关后将案件移交给有权复议机关处理。同时,对经批准的行政行为提起诉讼的,应以批准机关和最终作出行政行为的机关为共同被告。原告仅以作出行政行为的机关为被告的,人民法院应当告知原告追加被告或者依职权将批准机关追加为被告,并在重新确定具有管辖权的法院后将案件移交给有管辖权的法院处理。

【相关案例】

潘某诉内蒙古自治区人民政府行政复议案*

基本案情:潘某系呼和浩特市乌兰不浪村村民。2013 年 6 月,呼和浩特市新城区人民政府向呼和浩特市人民政府上报新政发〔2013〕169 号《呼和浩特市新城区乌兰不浪村土地整理与房屋拆迁补偿安置方案》。2013 年 7 月 22 日,呼和浩特市人民政府作出〔2013〕160 号《批复》,同意实施报送的《呼和浩特市新城区乌兰不浪村土地整理与房屋拆迁补偿安置方案》。2014 年 5 月 20 日,潘某及其配偶与乌兰不浪村建设指挥部签订了两份《拆迁房屋补偿安置协议书》,按照《呼和浩特市新城区乌兰不浪村土地整理与房屋拆迁补偿安置方案》确定的补偿标准,选择了拆迁补偿,并在《拆迁房屋补偿安置协议书》上签字认可。潘某因不服〔2013〕160 号《批复》,向内蒙古自治区人民政府申请行政复议。内蒙古自治区人民政府于 2016 年 8 月 4 日作出《行政复议受理通知书》,于 2017 年 3 月 28 日作出内政复驳字(2017)2 号《驳回行政复议申请决定书》,潘某不服该行政复议决定书,提起行政诉讼。

---

* (2019)最高法行申 2907 号。

裁判摘要：呼和浩特市人民政府作出《批复》同意《呼和浩特市新城区乌兰不浪村土地整理与房屋拆迁补偿方案》，是上级机关答复下级机关请示事项的答复性行为，属于安置补偿方案制订和实施过程中的内部审批行为，没有直接对潘某的权利义务产生法律后果。潘某如对补偿安置标准、补偿安置结果不服，可依法就补偿安置标准和最终的安置补偿决定申请救济，或者诉请有关部门履行安置补偿职责。因此，潘某的复议申请不符合《行政复议法实施条例》第四十八条第一款第二项的规定，内蒙古自治区人民政府依据《行政复议法实施条例》第四十八条第一款第二项的规定，驳回潘某的复议申请并无不当。

二、起诉与受理

15 在诉安置补偿不作为的案件中，起诉期限应当如何计算

【问题的由来】

《行政诉讼法》第四十七条规定："公民、法人或者其他组织申请行政机关履行保护其人身权、财产权等合法权益的法定职责，行政机关在接到申请之日起两个月内不履行的，公民、法人或者其他组织可以向人民法院提起诉讼。法律、法规对行政机关履行职责的期限另有规定的，从其规定。"该条只规定了针对依申请的不作为行为起诉期限的始点，而没有规定终点。为此，《行诉解释》第六十六条规定："公民、法人或者其他组织依照行政诉讼法第四十七条第一款的规定，对行政机关不履行法定职责提起诉讼的，应当在行政机关履行法定职责期限届满之日起六个月内提出。"《行诉解释》虽然对起诉依申请不作为行为规定了六个月的期限，也就是设置了终点，但是，《行政诉讼法》和司法解释都没有解决依职权不作为是否适用该期限，以及六个月期限届满后是否可以通过重复申请使得该期限事实上无限继续下去的问题。由此，实践当中对于不作为起诉期限应当如何计算存有较大争议。

【不同观点】

一种观点认为，不作为行为的持续，说明相对人的权利期待没有得到满足，当事人的权利义务尚未改变，加之《行政诉讼法》也没有明确规定六个月期限届满后是否可以重复申请，故为充分保护相对人的权利，对于不作为类案件，如果相对人要求行政机关履行职责，不应当受到起诉期限的限制。

另一种观点认为，虽然《行政诉讼法》没有明确规定六个月期限届满后是否可以重复申请，但是，当事人不能因此怠于行使诉权，使行政法律关系长期处于不确定状态，并可能会给司法裁判带来困难。因此，不作为类案件应当遵守《行政诉讼法》关于起诉期限的一般规定，即在没有被告知诉权和起诉期限的情况下，相对人应当在行政机关履行期限届满后的一年内提起诉讼。

还有一种观点认为，不作为类案件应当有起诉期限的限制，但应当区别于一般的行政行为，为充分保护相对人的应得利益，对于此类案件可以按照行政诉讼的最长起诉期限执行，即在行政机关履行期限届满后的五年或二十年内提出。

【裁判思路与裁判规则】

对于不作为类案件起诉期限计算方式的研究，应当首先从对不作为行为的分析入手。不作为行为在形式上可以分为明确拒绝型的不作为和不予答复或拖延答复型的不作为。前者在本质上虽然也是不作为，但由于具有了拒绝行为这样一个明确的行政决定，当事人的权利义务因此受到了确定的拘束。因此，此类行为在性质上与作为类的行政行为非常相似，应当适用行政诉讼的一般起诉期限，即应当自知道或者应当知道拒绝的行政行为作出之日起六个月内提起诉讼；如果行政机关作出拒绝的行政行为时，未告知公民、法人或者其他组织起诉期限的，起诉期限从公民、法人或者其他组织知道或者应当知道起诉期限之日起计算，但从知道或者应当知道拒绝的行政行为内容之日起最长不得超过一年。

那么，对于不予答复或拖延答复型的不作为应当如何计算起诉期限呢？对此，修订后的《行政诉讼法》第四十七条第一款规定："公民、法人或者其他组织申请行政机关履行保护其人身权、财产权等合法权益的法定职责，行政机关在接到申请之日起两个月内不履行的，公民、法人或者其他组织可以向人民法院提起诉讼。法律、法规对行政机关履行职责的期限另有规定的，从其规定。"《行诉解释》第六十六条规定："公民、法人或者其他组织依照行政诉讼法第四十七条第一款的规定，对行政机关不履行法定职责提起诉讼的，应当在行政机关履行法定职责期限届满之日起六个月内提出。"据此，对于依申请的行政行为，《行政诉讼法》和司法解释作出了较为明确的规定，即行政机关接到当事人申请之日起,如其在法定履行职责期间或者没有明确的法定期间,但是超过两个月仍未履行的,当事人应当在期满之日后的六个月内提起诉讼。

那么,当事人是否可以通过重新申请,启动新一轮的诉讼期限,从而规避六个月起诉期限的制约,使得当事人的给付请求权事实上得以无限行使呢?一般来讲,起诉期限设定的目的在于平衡当事人诉权保护与行政秩序稳定这两种价值,即在保护当事人诉权的前提下,让以行政行为为核心的社会秩序尽快稳定下来。而在行政机关消极不作为的情况下,并不存在行政行为效力及其所影响的社会关系需要稳定或维护的问题,自然也就没有适用起诉期限的必要。从这个角度讲,对于消极不作为的行为,认为当事人的起诉不受起诉期限的限制是有一定道理的。

但是,仔细观察不难发现,起诉期限制度主要适用于形成之诉,即传统的撤销之诉、变更之诉,以及作为形成之诉变种的确认之诉。而给付之诉与传统的撤销和变更诉讼在这一问题上有着本质的不同:在给付诉讼中,虽然并不存在一个需要维护其效力的行政行为,也不需要考虑以行政行为效力为核心的社会秩序的稳定,但制约给付之诉时效问题的却另有因素,那就是相对人请求权的有无。这也正是我们为什么很难用起诉期限理论解决不作为案件起诉期限问题的症结所在。在民事诉讼领域,为撤销权等形成权的行使设定了不可变的除斥期间,这与行政诉讼中为申请撤销或变更行政行为的形成诉讼设定起诉期限,在理论上是同质的,且二者都不存在中止、中断的问题。那么,同为基于请求权的给付诉讼,民事诉讼领域对于请求权作出了哪些限制呢?

根据《最高人民法院关于审理民事案件适用诉讼时效制度若干问题的规定》相关规定,总体上,民事诉讼对于债权请求权普遍适用诉讼时效,而对于物权请求权则没有诉讼时效的限制。那么,行政诉讼是否可以参考适用民事诉讼中关于诉讼时效制度的规定呢?本书认为答案是肯定的。在行政诉讼的给付之诉中,当事人的诉权虽然不会因为行政行为的效力问题而受到影响,但并不代表他的请求权在任何情况下都可以无限地行使下去。无论何种权利,只要它是一种权利,就有可能成为他人的义务,就应当有权利的边界。因此,对于权利必须加以限制,使其不得绝对地应用。据此,为弥补现行行政诉讼法律框架下当事人对不作为行为提起诉讼在事实上不受限制的不足,应当在传统的针对已作出行政行为的当事人设定的起诉期限制度外,在给付诉讼中设定针对当事人请求权的诉讼时效制度。这种权利消灭时效制度对于给付诉讼以及将来的一般确认之诉等新类型的诉讼,都有着极为重要的意义,应当成为与针对形成之诉的起诉期限制度并存的诉权制约机制。我国台湾地区学者陈清秀在其著作《行政诉讼法》中这样谈道:"因为过迟向行政法院起诉主张其权利,以致有悖诚实信用原则时,将造成'诉讼程序上权利失效'。"[①]此外,在德国行政诉讼的司法实践中,一般起诉期限为一个月。而对于不作为案件,起诉期限虽然在实质意义上是不必遵守的,但在审判实践当中却在事实上把一年作为确定法律保护需要之失效或者丧失的标准。[②] 也就是说,如果当事人长期不行使请求权,将被以起诉过于延迟,从而缺乏法律保护必要被判决驳回。由于"权利保护必要"的着眼点在于"权利"本身而不是其所针对的行政行为,故而,这可以视为在起诉期限制度框架下,参考请求权消灭时效制度的做法。

需要指出的是,在目前,由于行政诉讼制度在法律层面没有明确诉讼时效,且在理论上相当一部分同志尚坚守着行政诉讼只能有起诉期限,而不能有诉讼时效的理念,所以实践当中还很难直接适用时效制度。在这一背景下,限制给付请求权可以考虑的途径是,借用行政诉讼法的最长起诉期限,以发挥限制相对人请求权无限行使的作用。具体来说,对于行政机关消极不作为的行为,相对人提出申请后,应当在行政机关履行法定职责期限届满之日或是合理期间届满之日起六个月内提出。但自行政机关履行职责期限届满之日或是合理期间届满之日起超过五年(一般行政行为)或者 20 年(涉及不动产的行政行为)的,人民法院不予受理。之所以适用最长起诉期限而不是《行诉解释》规定的一年期限,主要是考虑到以下两个方面:一是消极不作为情况下,不存在一个明确的拒绝行为,虽然我们在理论上可以根据履行职责的法定或合理期限确定一个行使诉权的起点,但这不能代替行政机关的教示义务,也很难据此就推定当事人对于行政机关的不作为行为事实上是确知或是应当知道的;二是在缺乏法律明

① 陈清秀:《行政诉讼法》,法律出版社 2016 年版,第 284 页。

② 参见[德]弗里德赫尔穆·胡芬:《行政诉讼法》,莫光华译,法律出版社 2003 年版,第 293 页。

确规定的情况下，在现有法律框架内找到一个能够让相对人诉权得到最大化保护的制度工具，在适当限制相对人请求权的同时，把期限利益尽可能地让渡给相对人，也是法的安定性的一般要求。因此，本书认为在现有制度条件下，可以考虑适用行政诉讼法上的最长保护期限，以适当限制给付请求权的行使。以我国台湾地区为例，其“行政诉讼法”第一百零六条第二款规定：“第四条及第五条之诉讼，自诉愿决定书送达后，已逾三年者，不得提起。”第四款规定：“不经诉愿程序即得提起第五条第一项之诉讼者，于应作为期间届满后，始得为之。但于期间届满后，已逾三年者，不得提起。”

那么，对于依职权的不作为，起诉期限应当如何计算呢？在依职权的情况下，不作为情形大致可以分为两种：一种是行政机关作出行政行为的时间有法律规定；另一种是作出行政行为的时间没有明确的法律规定。在有明确规定的情况下，例如，《土地管理法实施条例》第二十五条第四款规定：“征收土地的各项费用应当自征地补偿、安置方案批准之日起 3 个月内全额支付。”则从履行职责期限届满之日起，由于行政机关既未明示拒绝，也未明示履行，从而与依申请情况下，行政机关履行期限届满消极不履行的情况相似，可以从期限届满之日起适用最长起诉期限。而对于没有明确履行期限的情形，则应当从相对人可以向行政机关要求履行职责之日起的法定期限或合理期限届满之日起，计算最长起诉期限。类似的做法见于法国行政诉讼制度。法国对于行政行为的一般起诉期限是两个月，但是对于依职权的不作为行为，起诉期限为 30 年，当事人可以在 30 年内随时提出诉讼请求。

【相关案例】

郭某诉被申请人山东省临沂市兰陵县人民政府（以下简称兰陵县政府）、山东省临沂市兰陵县教育体育局（以下简称兰陵县教体局）不履行职责案*

基本案情：郭某向一审法院诉称，其于 2001 年毕业于临沂师范学院，后按

* （2019）最高法行申 4780 号。

时到原兰陵县教委报到，参加了毕业生专题会议和双向选择会议，但截至2003年1月仍未安排具体学校，且违规改派。根据《普通高等学校毕业生就业工作暂行规定》（教学〔1997〕6号）以及2001年省、市、县关于就业的文件规定，被告兰陵县教育体育局未及时安排工作岗位，被告兰陵县政府未检查到位，均属于行政不作为。2018年向法院起诉请求：落实安排事业编制教师岗位和工龄。

裁判摘要：本案中，郭某就二被申请人不履行师范类高校毕业生就业安置职责提起诉讼，据其自述，其于2001年从临沂师范学院毕业后持报到证到被申请人处报到，至2003年1月被申请人仍未给其安排具体学校，后违规改派。即至迟于2003年1月，郭某就已经知道被申请人兰陵县教体局未履行分配工作职责情况，其于2018年才提起本案诉讼，要求被申请人为其“落实安排事业编制教师岗位和工龄”，已经远远超过法定的起诉期限。

16 新《行政诉讼法》实施后，至《行诉解释》出台，知道行为但不知道诉权情形下，起诉期限应当如何计算

【问题的由来】

新修订的《行政诉讼法》在起诉期限问题上只规定了一般起诉期限和最长起诉期限，对于知道行为但不知道诉权的情形，没有进行专门规定。由此，对于新司法解释出台前，《执行解释》中的两年期限是否适用，实践当中存在争议。

【不同观点】

一种观点认为，既然已经知道行政行为，那么自然应该知道诉权，因为《行政诉讼法》的出台已经公示了这个权利，或者说国家已经概括性地赋予公民诉权，无须再特别告知。此外，修订后的《行政诉讼法》已经将起诉期限延长至六个月，充分考虑了对当事人诉权的保护，再适用两年的期限，没有必要，也不利于社会关系的稳定。

另一种观点认为，虽然《行政诉讼法》明确规定了相对人的起诉期限，但在行政诉讼当中，对于相对人诉权最有效的保障仍然是行政机关的教示义务。而两年起诉期限恰恰是对行政机关这一义务的规定，且新的司法解释也沿用了这一思路，因此，这一制度安排应当适用。

【裁判思路与裁判规则】

与现有司法解释相比，新《行政诉讼法》对于一般起诉期限只规定了一个起

算点就是"知道或者应当知道作出行政行为之日起"。而没有采纳原《执行解释》关于相对人知道行政行为但是行政机关"未告知诉权和起诉期限"情况下的起算点。相应地,在时限上也没有规定"知道行为但不知道诉权"的两年起诉期限。那么这个起算点和两年期限在《行诉解释》出台前,是否还有存在的必要呢? 本书认为,答案是肯定的。

首先,从文字上看,修订后的《行政诉讼法》只是将1989年《行政诉讼法》对一般起诉期限的规定在时间上进行了延长。由于1989年的《行政诉讼法》也没有对特殊起诉期限进行规定,因此,不能得出新法否认《执行解释》关于两年期限规定的结论。继续执行《执行解释》关于两年起诉期限的规定,不违反修订后的《行政诉讼法》。

其次,虽然新修订的《行政诉讼法》延长了当事人的起诉期限,但在行政诉讼中,对诉权最有效、最直接的保护仍然是行政机关在作出行为时就诉权和起诉期限对相对人进行告知的教示行为。否则,单纯将一般起诉期限从三个月延长到六个月,并不足以保护当事人的诉权。而两年起诉期限的制定,恰恰是从考虑保护当事人诉权的角度出发,促使行政机关规范行政行为,积极履行教示义务而作出的规定。因此,这一规定对于促进行政机关依法行政,充分保护相对人权益是具有积极意义的,也是行政诉讼区别于其他诉讼制度的亮点之所在,应予坚持。

最后,如果认为两年期限的适用是违反新法规定的,那么,就无法解释《行诉解释》中为何对"知道行为但不知道诉权"的情形规定一年的起诉期限。新《行诉解释》将两年变为一年,主要是考虑新修订的《行政诉讼法》将一般保护期限进行了延长,因此,原有的两年起诉期限可以适当缩短。但其仍然在法律制度层面保留了这一起诉期限,显然是对行政机关教示义务及其不履行该义务所应当承受不利后果的肯定。

综上,在新修订的《行政诉讼法》实施后至《行诉解释》出台前,原《执行解释》关于两年起诉期限的规定,应当予以适用。至于《行诉解释》出台后,两年期限与一年期限的衔接问题,我们将在下一个专题讨论。

【相关案例】

李某诉武汉市洪山区人民政府、洪山区城乡统筹发展局行政强制拆除案*

基本案情：李某所诉房屋于2014年8月13日被拆除，其于2015年5月1日向武汉市中级人民法院提起诉讼。该院认为，根据《最高人民法院关于适用〈中华人民共和国行政诉讼法〉若干问题的解释》第二十六条的规定："2015年5月1日前起诉期限尚未届满的，适用修改后的行政诉讼法关于起诉期限的规定。"期限尚未届满，就应适用修改后的《行政诉讼法》。《行政诉讼法》第四十六条第一款规定："公民、法人或者其他组织直接向人民法院提起诉讼的，应当自知道或者应当知道作出行政行为之日起六个月内提出。"原告李某的房屋被拆除当日，其向洪山区公安分局报案，即知道被诉行政行为的发生，就应在六个月之内提起行政诉讼。但其于2016年7月才具状起诉，超过了法律规定的起诉期限，裁定驳回起诉。

裁判摘要：虽然修改后的《行政诉讼法》第四十六条规定，公民、法人或者其他组织直接向人民法院提起诉讼的，应当自知道或者应当知道作出行政行为之日起六个月内提出。但是，这一规定是对修改前的《行政诉讼法》第三十九条"公民、法人或者其他组织直接向人民法院提起诉讼的，应当在知道作出具体行政行为之日起三个月内提出"的修改。无论是修改前还是修改后的规定，主要是针对被告行政机关在对行政相对人作出行政行为时，既告知行政行为的内容又告知诉权的情形，该规定并未解决在行政机关只告知行政行为内容未告知诉权或者起诉期限的情况下，起诉期限如何计算的问题。为解决这一问题，《执行解释》第四十一条第一款明确规定，行政机关作出行政行为时，未告知公民、法人或者其他组织诉权或者起诉期限的，起诉期限从公民、法人或者其他组织知道或者应当知道诉权或者起诉期限之日起计算，但从知道或者应当知道行政行为

* （2019）最高法行再72号。

为内容之日起最长不得超过两年。这一规定虽然是对修改前的《行政诉讼法》第三十九条的解释与完善,但这一规定有利于监督行政机关遵循正当程序要求,保护行政相对人合法权益,符合行政诉讼法修改的精神与目的,与修改后的《行政诉讼法》第四十六条的规定并不矛盾,应当继续适用。本案中,李某只知道其房屋于2014年8月13日被拆除,但并不知道诉权或者起诉期限,应当适用两年的起诉期限的规定。因此,一审裁定认为,李某应当在房屋被拆除后的六个月内起诉,以李某超过起诉期限为由驳回起诉,适用法律不当,应予纠正。

17 《行诉解释》出台后，两年期限与一年期限应当如何衔接

【问题的由来】

2018 年 2 月 8 日出台的《行诉解释》第六十四条规定："行政机关作出行政行为时，未告知公民、法人或者其他组织起诉期限的，起诉期限从公民、法人或者其他组织知道或者应当知道起诉期限之日起计算，但从知道或者应当知道行政行为内容之日起最长不得超过一年。"该规定将此前《执行解释》的两年起诉期限缩短为一年。那么，对于发生在 2018 年 2 月 8 日之前的行政行为，且当事人未被告知诉权和起诉期限的，当事人于 2018 年 2 月 8 日之后对该行政行为提起行政诉讼，是应当适用《执行解释》第四十一条第一款规定的"2 年"起诉期限，还是适用《行诉解释》第六十四条第一款规定的"一年"起诉期限，实践当中存有争议。

【不同观点】

一种观点认为，根据"程序从新"的基本原则，既然起诉行为发生在《行诉解释》实施之后，而起诉期限又属于程序问题，因此，应当适用一年的起诉期限。起诉期限的价值在于督促当事人及时行使诉讼权利，维护公法秩序稳定。《行诉解释》的规定对怠于行使诉讼权利的行为显然不予支持或鼓励。

另一种观点认为，虽然起诉行为发生于《行诉解释》实施后，但起诉期限的计算应当以行为发生时为起算点。主要理由为：(1)起诉期限关系到案件能否进入实体审查，涉及当事人实体权益的救济，实际上属于实体权利的范畴；

(2)在《行诉解释》出台前,当事人根据当时有效的司法解释规定,对于在两年内提起行政诉讼也是有信赖利益的;况且《行诉解释》关于起诉期限的规定对于当事人提起诉讼进行了不利的限缩,从保护当事人合法权益角度也应当适用当时的"两年"期限。

还有一种观点认为,行政机关2018年2月8日前作出的行政行为,未告知公民、法人或者其他组织诉权或者起诉期限且公民、法人或者其他组织在2018年2月8日前知道或者应当知道行政行为内容的,人民法院一般应当按照《执行解释》第四十一条[①]的规定确定起诉期限。2018年2月8日《行诉解释》施行时,原起诉期限的剩余时长超过一年的,仅计算一年,即最长起诉期限截止到2019年2月8日;原起诉期限的剩余时长不足一年的,起诉期限至期满之日止。

【裁判思路与裁判规则】

本书认为,应当适用两年起诉期限。前述第三种观点主要是认为,《最高人民法院关于修改后的民事诉讼法施行时未结案件适用法律若干问题的规定》第六条规定:"当事人对2013年1月1日前已经发生法律效力的判决、裁定或者调解书申请再审的,人民法院应当依据修改前的民事诉讼法第一百八十四条规定审查确定当事人申请再审的期间,但该期间在2013年6月30日尚未届满的,截止到2013年6月30日。"《最高人民法院关于行政申请再审案件立案程序的规定》第十二条第四款规定:"再审申请人对2015年5月1日行政诉讼法实施前已经发生法律效力的判决、裁定、调解书申请再审的,人民法院依据《最高人民法院关于执行〈中华人民共和国行政诉讼法〉若干问题的解释》第七十三条规定的2年确定申请再审的期间,但该期间在2015年10月31日尚未届满的,截止至2015年10月31日。"从上述两个规定可以看出,最高人民法院在新修订

---

① 《执行解释》第四十一条　行政机关作出具体行政行为时,未告知公民、法人或者其他组织诉权或者起诉期限的,起诉期限从公民、法人或者其他组织知道或者应当知道诉权或者起诉期限之日起计算,但从知道或者应当知道具体行政行为内容之日起最长不得超过2年。

复议决定未告知公民、法人或者其他组织诉权或者法定起诉期限的,适用前款规定。

的《民事诉讼法》有关申请再审的期限以及《行政诉讼法》有关申请再审期限的衔接问题上，都采用了“从旧兼从新”的原则，即原则上起诉期限按照旧法的规定执行，但从新法实施起，剩余的期限最长不得超过新法规定的起诉期限。那么，《行诉解释》中一年起诉期限的计算是否也应当照此执行呢？我们认为，对于两部诉讼法中有关再审期限的规定，不能简单套用于《行诉解释》中的特殊起诉期限，理由在于：

首先，两部诉讼法中关于从新法实施起，剩余期限起诉期限最长不得超过新法规定起诉期限的前提，在于推定自新法实施起，公民对于新法的实施是明知或者说有义务知晓的。正是基于这样的考虑，新修订的《行政诉讼法》第四十六条的两款规定，只设定了公民、法人或者其他组织在直接向人民法院提起行政诉讼的情况下，“应当自知道或者应当知道作出行政行为之日”六个月内提起诉讼的一般起诉期限，和不知道行政行为情况下的五年或二十年的最长起诉期限，而没有对《执行解释》中两年的特殊起诉期限进行规定。在立法机关看来，知道行为与知道诉权和起诉期限固然是公民、法人或者其他组织行使诉权的前提条件，但是由于《行政诉讼法》的公布已经概括地将诉权和起诉期限告知了民众，因此，诉权的知晓并不需要特别告知程序，也就不存在所谓“知道行为但不知道诉权和起诉期限”的情形。应当说，这一理念在民事诉讼以及以司法机关为主导进行的行政诉讼再审审查问题上是适用的。但是，众所周知，与民事诉讼和一般的再审审查程序不同，为充分保护当事人诉权，《执行解释》设定了“知道行政行为”但“不知道诉权和起诉期限”情况下的特殊起诉期限。它的特殊之处就在于，其没有将法律的公布作为当事人知晓诉权的时点，而是为了促使行政机关规范行政行为，积极履行教示义务，将作出行政行为的行政机关告知相对人诉权的时点视为当事人知晓起诉期限的时点。这一规定某种程度上可以说是对所谓《行政诉讼法》一公布生效，民众就知晓诉权和起诉期限这一推定，在行政诉讼领域内的否定，也可以说是根据行政诉讼的特殊使命对前述一般原理进行的具体改造。在新修订的《行政诉讼法》出台后，《执行解释》关于行政机关未告知诉权和起诉期限情形下两年起诉期限的规定，并未被废除，实践当中也通过司法裁判的方式一直加以适用。那么，既然《行诉解释》一年起诉期限的计算在本质上是《执行解释》两年起诉期限的延伸，其思路应当是一以贯之的。而如果认为 2018 年 2 月 8 日《行诉解释》施行时，原起诉期限的剩余时长超过一年的，仅计算一年，即最长起诉期限截止到 2019 年 2 月 8 日，则无疑又是对法律规范一公布生效，民众就知晓诉权和起诉期限推定的肯定，这与一年起诉期限本身存在的意义和价值是相冲突的。

其次，从法的安定性角度考虑，也应当适用两年的起诉期限。法律要为社会提供公共行动与判断的标准，就必须具有安定性。没有法的安定性，就无法保证个人权利不受任意和不可预测的国家强制力的粗暴干涉。事实上，有不少形式法治论者就是在法的安定性意义上来理解法治的。典型者如哈耶克，他指出："这（指法治——引者注）意味着政府在所有的行动中都受到事先已明确与颁布之规则的拘束——这些规则使得我们有可能十分明确地预见到，掌权者在既定情形中会如何使用强力，并根据这一知识来安排自己的个人事务。"①根据上述理念，在因法律变革导致法律规范本身不得不发生变更的情况下，对于新规范作最有利于公民的解释才是符合前述法治理念的。而从前述三种观点来看，第一种只给起诉者一年的期限，第二种给足两年的期限，第三种所给的期限在一年到两年期间。显然，两年期限是最符合起诉者利益的。从现实角度讲，行政相对人与行政主体在因行政行为发生纠纷时，假定其在思考纠纷解决途径时查阅了《执行解释》的规定，从而确定了两年时间的底线，那么在此期间，大部分相对人是不会关注《行诉解释》的出台及其相关规定的。而如果其在两年时间的最后提起诉讼时，发现被法院以新出的《行诉解释》缩短了起诉期限为由，裁定驳回起诉，显然会破坏相对人基于旧法对起诉期限的预期，难以令人信服，而这对司法公信力，不能不说是一种损害。

① Friedrich Hayek, *The Road to Selfdom*, London: Routledge Kegan Paul, 1994, pp. 75 - 76.

【相关案例】

徐某诉安徽省淮南市人民政府、安徽省淮南市高新技术开发区管理委员会(淮南市山南新区管委会)、安徽省淮南市三和镇人民政府行政强制案*

基本案情:2009 年 10 月 13 日,淮南市人民政府作出《淮南市人民政府征收土地公告》(淮府征告字〔2009〕第 49 号),徐某的房屋在此次征收范围内。2017 年 3 月 22 日,在徐某未与相关部门签订补偿安置协议的情况下,徐某的部分房屋被有关部门拆除。徐某认为淮南市人民政府作为土地征收、房屋拆迁行为的行政主体,应当承担强拆其房屋的责任,并且该强拆行为未经任何行政或司法程序,显属违法,严重侵害了其合法权益,为维护合法权益,徐某于 2018 年 5 月 16 日起诉至法院。

裁判摘要:本案被诉强拆行为发生在 2017 年 3 月 22 日。根据当时有效的《最高人民法院关于执行〈中华人民共和国行政诉讼法〉若干问题的解释》第四十一条第一款的规定,行政机关作出具体行政行为时,未告知公民、法人或者其他组织诉权或者起诉期限的,起诉期限从公民、法人或者其他组织知道或者应当知道诉权或者起诉期限之日起计算,但从知道或者应当知道具体行政行为内容之日起最长不得超过 2 年。本案中,再审申请人徐作英于 2017 年 3 月知道涉案房屋被拆除,其于 2018 年 5 月提起本案诉讼,并未超过上述司法解释规定的 2 年起诉期限。一审法院以超过起诉期限为由裁定驳回徐作英的起诉,二审法院驳回上诉,维持原裁定,属于适用法律不当,应予纠正。

---

* (2019)最高法行申 4548 号。

18 知道强制行为但不知道行为主体是否属于耽误起诉期限的法定事由

【问题的由来】

《行政诉讼法》第四十六条规定:“公民、法人或者其他组织直接向人民法院提起诉讼的,应当自知道或者应当知道作出行政行为之日起六个月内提出。”《行诉解释》第六十四条规定:“行政机关作出行政行为时,未告知公民、法人或者其他组织起诉期限的,起诉期限从公民、法人或者其他组织知道或者应当知道起诉期限之日起计算,但从知道或者应当知道行政行为内容之日起最长不得超过一年。”上述规定未明确“知道”和“应当知道”行政行为的具体内涵,实践中对于“知道”或“应当知道”行政行为是否包括明确知道行为的主体存有一定争议。

【不同观点】

一种观点认为,根据《行政诉讼法》第四十九条的规定,有明确的被告是相对人提起诉讼的基本条件,因此,作为对行政行为提起诉讼法定条件的“知道”行政行为,自然应当包括知道行政行为的主体。

另一种观点认为,知道行政行为通常情况下应当包括知道行政行为的主体,但是在特殊情况下,知道行政行为,该行为的主体可以通过相关事实和法律规范推定,从而不影响在诉讼中确定“明确”的被告,此时,就属于“应当知道”的情形,因此,不知道行政行为的主体不应当成为耽误起诉期限的法定事由。

【裁判思路与裁判规则】

一般情况下,行政机关作出行政行为都有相应的文书,如处罚决定、征收决定、确权决定等。在此情况下,行政机关完成送达程序,对于相对人而言,就属于"知道"或者"应当知道"。但是,实践当中,由于行政行为不规范,有些行为可能在形式上无法或者不好直接确定作出行为的主体,此时,不知道行政行为的作出主体能否成为耽误起诉期限的正当事由,就取决于当事人对于行为的主体是否"应当知道"。这里的"应当知道"在法律属性上是一种推定,即根据法律规定或经验法则,通过基础事实认证待定事实的一种法律方法。例如,香港特区《危险药物条例》第四十五条规定:"任何人被证实制造毒品或者作出任何行动准备制造毒品的,除非能够提出相反的证据,否则被推定为已经知道该毒品的性质。"又如,最高人民法院、最高人民检察院、公安部《办理毒品犯罪案件适用法律若干问题的意见》关于毒品犯罪嫌疑人、被告人主观明知的认定问题明确规定,走私、贩卖、运输、非法持有毒品主观故意中的"明知",是指行为人知道或者应当知道所实施的行为是走私、贩卖、运输、非法持有毒品行为。具有下列情形之一,并且犯罪嫌疑人、被告人不能做出合理解释的,可以认定其"应当知道",但有证据证明确属被蒙骗的除外:(1)执法人员在口岸、机场、车站、港口和其他检查站检查时,要求行为人申报为他人携带的物品和其他疑似毒品物,并告知其法律责任,而行为人未如实申报,在其所携带的物品内查获毒品的;(2)以伪报、藏匿、伪装等蒙蔽手段逃避海关、边防等检查,在其携带、运输、邮寄的物品中查获毒品的……上述规定中,都是基于特定事实,并结合相关法律规定,对待定事实作出的认定。

在土地征收过程中,最常出现的知道行为但不知道主体的情形,莫过于强制拆除行为。此类行为主体较为混乱,从事实上来讲,既可能是征收部门,也可能是征收部门委托的其他行政主体,还有可能是村委会、居委会,甚至不排除个人。上述主体为了回避法律责任,通常都不会主动表明身份,从而给被强制主体维护自身权益带来了一定的困难。但是,这种事实上的困难并不总是能够成为提起诉讼的障碍。《国务院法制办公室关于认定被征地农民"知道"征收土地决定有关问题的意见》（国法〔2014〕40号）规定："行政机关能够提供下列证据之一，经查证属实的，可以作为认定依法发布了征收土地公告的证据：（一）行政机关出具的在被征收土地所在地的村、组内张贴公告的书面证明及视听资料；征收乡（镇）农民集体所有土地的，出具的在乡（镇）人民政府所在地张贴公告的书面证明及视听资料；（二）被征地农民出具的证实其被征收土地已张贴公告的证言等证据。征收土地公告有确定期限的，可以认定申请人自公告确定的期限届满之日起知道征收土地决定；征收土地公告没有确定期限的，可以认定申请人自公告张贴之日起满10个工作日起知道征收土地决定。""行政机关不能提供发布征收土地公告的相关证据，但是能够举证证明已经按照法律法规和规章的规定发布了征收土地补偿安置公告，且在公告中载明了征收土地决定的主要内容，经查证属实的，可以视为申请人自公告确定的期限届满之日起知道征收土地决定；公告没有确定期限的，可以视为申请人自公告张贴之日起满10个工作日起知道征收土地决定。""行政机关不能提供发布征收土地公告或者征收土地补偿安置公告的证据，但是能够举证证明申请人在征收土地决定作出后有下列行为之一，经查证属实的，可以视为申请人自该行为发生之日起知道征收土地决定：（一）已经办理征收土地补偿登记的，自申请人办理征收土地补偿登记之日起；（二）已经签订征收土地补偿协议的，自申请人签订征收土地补偿协议之日起；（三）已经领取征收土地补偿款或者收到征收土地补偿款提存通知的，自申请人领取征收土地补偿款或者收到征收土地补偿款的提存通知之日起；（四）已经签订房屋拆迁协议的，自申请人签订房屋拆迁协议之日起；（五）对补偿标准存有争议，已经申请县级以上地方人民政府进行协调的，自申请人申请协调之日起。同时存在上述两种或者两种以上行为的，以最早可以认定的知道征收土地决定的时间为准。""行政机关不能证明有本意见第二条至第四条情形，但是能够举证证明申请人通过行政复议、政府信息公开、信访、诉讼等其他途径知道征收土地决定主要内容，经查证属实的，可以认定申请人自有证据证明之日起知道征收土地决定。"在上述情形中，除非有相反证据，人民法院均可认定征收人发布了征地公告，被征收人知道征地决定。而在征地公告已经发布的情况下，由于《土地管理法》第四十六条规定："国家征收土地的，依照法定程序批准后，由县级以上地方人民政府予以公告并组织实施。”《土地管理法实施条例》第二十五条规定：“征收土地方案经依法批准后，由被征收土地所在地的市、县人民政府组织实施……”因此征地公告的发布，就意味着征收主体的确定，在没有其他主体声明承担强制拆除行为责任的情况下，通常可以推定该强制拆除行为系作出征收公告的市、县人民政府所为。《土地管理法实施条例》第四十五条规定：“违反土地管理法律、法规规定，阻挠国家建设征收土地的，由县级以上人民政府土地行政主管部门责令交出土地；拒不交出土地的，申请人民法院强制执行。”据此，在自然资源主管部门作出责令交出土地决定的情况下，也可以推定自然资源主管部门为强制行为的主体。由于在上述两种情况下，均可以依据相关事实和法律规定推定强制行为的主体，而人民法院事实上也支持这种推定，因此，被征收人对于强制行为的主体理论上就属于“应当知道”的情形，其以推定的主体作为被告，完全符合《行政诉讼法》第四十九条关于起诉应当有明确被告的要求。我们要注意的是《行政诉讼法》第四十九条强调的是有“明确”的被告，而不是有“正确”的被告，因此，即便推定错误，也是诉的理由具备性问题，不会对诉权的行使产生影响。

【需注意的问题】

如果征收过程中没有或者无法推定相关主体发布公告，抑或有证据证明征收过程是通过与村集体经济组织签订协议等非法定的方式完成，强制拆除确有可能为法定主体以外的其他主体所为，则上述推定的法律前提即不存在，推定也无从进行。被征收人此时对于强制行为的主体就处于“不知”也不“应当知道”的情况，其为确定相关主体所耽误的时间一般应当排除在起诉期限之外。

【相关案例】

1. 锦某诉被申请人江苏省人民政府（以下简称江苏省政府）土地行政复议案*

基本案情：殷某所住房屋在江苏省国土资源厅苏国土资地函〔2007〕1023号《关于批准泰州市2007年度第24批次城镇建设用地的通知》（以下简称《通知》）的范围内。涉案土地被征收后，殷某于2008年11月起先后三次收到征地补偿费，后其对《通知》内容不服，于2015年11月25日申请行政复议，江苏省政府以超过申请复议期限为由，驳回其行政复议申请。殷某不服，提起诉讼。

裁判摘要：《行政复议法》第九条第一款规定："公民、法人或者其他组织认为具体行政行为侵犯其合法权益的，可以自知道该具体行政行为之日起六十日内提出行政复议申请；但是法律规定的申请期限超过六十日的除外。"参考《国务院法制办公室关于认定被征地农民"知道"征收土地决定有关问题的意见》（国法〔2014〕40号）第四条第一款第三项有关"已经领取征收土地补偿款或者收到征收土地补偿款提存通知的，自申请人领取征收土地补偿款或者收到征收土地补偿款的提存通知之日起"可以视为申请人知道征收土地决定之规定，本案殷某曾于2008年11月、2011年7月25日和2011年9月23日，先后领取暂付安置费、地上附着物宅基地补偿、附着物补偿款共35000元，并于2011年11月29日签署《停诉息访承诺书》，领取救助金24.8万元，故殷某当时领取补偿安置费用时就视为知道相关征地批准行为，而其于2015年11月25日申请行政复议，明显超过法定期限。

2. 韩某诉武汉市人民政府行政强拆案*

基本案情：韩某所有的房屋坐落于武汉市汉江区复兴村247号，《房屋所有

* （2017）最高法行申158号。
* （2018）最高法行再105号。

权证》记载建筑面积为529.11平方米。2008年3月12日,原湖北省国土资源厅作出鄂土资函〔2008〕169号《省国土资源厅关于批准武汉市2007年度城中村第1批次建设用地的函》,同意武汉市人民政府征收江汉区长青街航侧村、江汉区汉兴街贺家墩村在内集体建设用地。2008年5月6日,武汉市人民政府根据该征地批复作出〔2008〕第46号《武汉市人民政府征收土地公告》,征收江汉区长青街航侧村、江汉区汉兴街贺家墩村10.9455公顷集体建设用地,韩某的上述房屋在征收范围内,2014年被拆除。韩某认为武汉市政府在实施房屋强制拆除前,未履行任何法律程序,其行为违法,诉至法院,请求法院判决确认武汉市政府强制拆除其位于武汉市江汉区复兴村247号的房屋违法。

原审法院认为,根据《行政诉讼法》第四十九条的规定,公民、法人或者其他组织提起行政诉讼应当符合法定条件,其中,有事实根据是提起行政诉讼的基本条件。根据《执行解释》第二十七条的规定,韩某应对起诉符合法定条件承担举证责任。韩某要求确认武汉市政府实施房屋拆除的行为违法,但其提供的证据材料不能证明武汉市政府实施了拆除其房屋的行为。韩某的起诉没有事实根据,依法应予驳回。

裁判摘要:《土地管理法》第四十六条规定:"国家征收土地的,依照法定程序批准后,由县级以上地方人民政府予以公告并组织实施。"《土地管理法实施条例》第二十五条规定:"征收土地方案经依法批准后,由被征收土地所在地的市、县人民政府组织实施……"据此,在集体土地征收过程中,有且仅有市、县级人民政府才具有依法实施征收合法建筑的职权,发布公告亦是其履行职权的表现。因而,在被拆除房屋位于市、县级人民政府确定的征收范围内的情况下,除非市、县级人民政府能举证证明房屋确系在其不知情的情况下由其他主体违法强拆,人民法院可以依据上述法律规定,推定强制拆除行为系市、县级人民政府或其委托的主体实施。本案中,2008年3月12日,湖北省国土资源厅作出鄂土资函〔2008〕169号《省国土资源厅关于批准武汉市2007年度城中村第1批次建设用地的函》,同意武汉市人民政府征收江汉区长青街航侧村、江汉区汉兴街贺家墩村在内集体建设用地。2008年5月6日,武汉市人民政府根据该征地批复作出〔2008〕第46号《武汉市人民政府征收土地公告》,征收江汉区长青街航侧村、江汉区汉兴街贺家墩村 10.9455 公顷集体建设用地，再审申请人的房屋位于征收范围内。在武汉市人民政府已经发布征地公告，且依据武汉市相关规定，征收行为由市政府或区政府及其相关部门具体负责实施的情况下，原审法院以再审申请人并未提交证据证明武汉市政府组织参与了强拆其房屋为由，裁定驳回起诉，适用法律错误。综上，依照《行政诉讼法》第八十九条第一款第二项，《行诉解释》第一百一十九条、第一百二十三条第三项之规定，裁定撤销原审判决，指令湖北省武汉市中级人民法院对本案进行审理。

19 数量众多的被征收人针对同一征收行为先后提起诉讼应当如何处理

【问题的由来】

土地征收行为往往涉及的人数众多，引起的争议也比较集中。在众多被征收人针对同一个行政行为分别提起诉讼的情况下，人民法院应如何处理，实践中存在不同做法。

【不同观点】

一种观点认为，在众多当事人针对同一行政行为提起诉讼的情况下，人民法院可以先就一部分案件受理并作出裁判，其余案件中止，待先行审理案件的生效裁判作出后，依据《行诉解释》第六十九条第一款第九项的规定①将中止的案件裁定驳回。

另一种观点认为，起诉同一行为的当事人具有平等的诉讼权利，不得因法院案件处理的需要，在未经当事人同意的情况下，随意剥夺其他案件当事人的诉讼权利。因此，所有案件均应当进入实体审理程序，并作出相应裁判。但是，在其他诉讼的当事人认为其案件与首先审理的案件之间并无事实上或法律上的重要区别，且案件事实清楚的情况下，人民法院可以裁定适用已经生效的判决、裁定。

---

① 《行诉解释》第六十九条第一款第九项　有下列情形之一，已经立案的，应当裁定驳回起诉：(九)诉讼标的已为生效裁判或者调解书所羁束的；

【裁判思路与裁判规则】

《行诉解释》第六十九条第一款第九项规定的立法初衷，在于充分尊重生效裁判的既判力，防止对同一事实或者同一法律问题作出不同裁判，从而对司法权威和诉讼经济产生不利影响。该规定生效的前提是在后诉裁判作出前，起羁束作用的前诉裁判已经生效。此时，前诉裁判的效力遮断了后诉当事人的诉权，排除了后诉就同一标的继续审理的可能性。需要注意的是，这里的"后诉裁判作出前，起羁束作用的前诉裁判已经生效"指的是在案件正常审理的情况下，而不包括为了使后续裁判受到羁束，中止后诉案件的审理，人为地制造出一个受"生效裁判"羁束的情形。后者相当于在未经当事人同意的情况下，剥夺了其就案件实体问题起诉、上诉以及申请再审等诉讼权利，因此，是不符合立法初衷的。

事实上，在目前行政诉讼法本身没有就标准诉讼或者说示范诉讼作出明确规定的情况下，同一征收行为涉及众多被征收人，多个被征收人先后提起诉讼的情况下人民法院应当如何依法作出处理，可以考虑参照我国《民事诉讼法》第五十四条已经给出的方案："诉讼标的是同一种类、当事人一方人数众多在起诉时人数尚未确定的，人民法院可以发出公告，说明案件情况和诉讼请求，通知权利人在一定期间向人民法院登记。""人民法院作出的判决、裁定，对参加登记的全体权利人发生效力。未参加登记的权利人在诉讼时效期间提起诉讼的，适用该判决、裁定。"这里的所谓"适用该判决裁定"，是指适用该判决、裁定中人民法院认定的事实和理由以及所确定的原则，再结合后诉的具体情况作出相应裁判。具体的方式可以是一个判决，也可以是一个起指示作用的裁定，而不是对于后诉的实体问题不予审理和裁判。

值得注意的是，为适应新《行政诉讼法》实施后行政复议形势发展需要，行政机关在开展行政复议案件审理时，对于数量众多的申请人先后就同一行政行为或者类似行政行为提起行政复议，也参照司法机关的做法进行了一些尝试和突破。例如，自然资源部《自然资源行政复议规定》第二十四条规定："申请人对自然资源主管部门作出的同一行政行为或者内容基本相同的行政行为，提出多个行政复议申请的,行政复议机构可以合并审理。已经作出过行政复议决定,其他申请人以基本相同的事实和理由,对同一行政行为再次提出行政复议申请的,行政复议机构可以简化审理程序。”该制度设计就参考了行政诉讼中关于共同诉讼以及《最高人民法院关于进一步推进案件繁简分流的意见》(法发〔2016〕21号)的有关规定,在吸收借鉴共同诉讼有关法律规定的基础上,结合复议实践需要进行了有部门特色的创新:首先,就复议主体而言,该规定对于当事人的要求既可以是多个当事人针对多个行为,也可以是多个当事人针对一个行为,还可以是一个当事人针对多个行为;其次,就复议对象而言,其采纳了同一行政行为或者内容基本相同的行政行为两个概念,前者等同于共同诉讼中的同一行政行为,后者则与同类行政行为概念基本相同,主要也是指行为性质相同或者事实理由相同。这里还包含一种情形,即有的申请人,在同一时间段,将同一行政行为拆分或化解成不同的诉求来申请的情形。例如,提起一个信息公开申请后,先就不作为提起复议,认为行政机关未依法履行答复职责,紧接着又对信息公开申请的答复不服,提起了针对信息公开答复的复议。此时,复议机关可以直接对信息公开答复进行审理,并在该案中对履行职责问题进行合并审理。在目前自然资源系统行政复议案件激增的形势下,该条第二款确立了快速审理制度,主要针对行政复议机关已经就申请人对某一或者某类行政行为不服的申请作出了复议决定,其他申请人以基本相同的事实和理由对这类行为再次提出申请的情形。在上述情形下,行政复议机构可以简化被申请人的答复程序,甚至可以不再要求被申请人作出答复,直接比照已经作出的复议决定作出决定。

【需注意的问题】

如果作为“标准”案件的前案,在二审或申请再审过程中,因行政机关改变行政行为或是达成调解等原因,上诉人或再审申请人撤回上诉或再审申请,此时需要注意:二审和再审法院可以在准许撤回上诉或再审申请的裁定中,载明行政机关改变被诉行政行为的主要内容及履行情况,并可以根据案件具体情况,在裁定理由中明确被诉行政行为以及原裁判全部或者部分不再执行,但不宜作出原审裁判不发生法律效力的认定。因为原审裁判不发生法律效力，就意味着以其为标准和示范的其他案件失去了准据，容易引起参照此案作出处理的后续案件的混乱。

【相关案例】

张某诉武汉市武昌区人民政府城建行政征收案*

基本案情：张某对武汉市武昌区人民政府2015年1月20日作出的武昌征决字〔2015〕1号房屋征收决定不服，向湖北省武汉市中级人民法院提起诉讼，请求确认房屋征收决定违法并予以撤销。2015年11月9日，湖北省武汉市中级人民法院裁定本案中止诉讼，理由为："因本案需以（2015）鄂武汉中行初字第00185号奚某等420人诉武汉市武昌区人民政府城建行政征收案的审理结果为依据，该案尚未审结。"张某向最高人民法院申请再审称：本案再审申请人和其他当事人同时立案起诉，立案时并不存在"诉讼标的已为生效裁判所羁束的"情形，原审法院以本案受到生效裁判羁束为由，裁定驳回不当。

裁判摘要：在这种情况下，比较恰当的做法是采用标准诉讼，即首先审理其中一个或数个有代表性的诉讼，并中止其他诉讼。在首先审理的诉讼中作出的裁判发生法律效力的情况下，如果其他诉讼的当事人认为其案件与首先审理的案件之间并无事实上或法律上的重要区别且案件事实清楚，人民法院可以参照《民事诉讼法》第五十四条第四款的规定，裁定对中止的诉讼适用已经生效的判决裁定。

---

* （2017）最高法行申411号。

20 利害关系人认为地上附着物及青苗补偿费的补偿对象错误，应当提起民事诉讼还是行政诉讼

【问题的由来】

根据《土地管理法实施条例》第二十六条[①]的规定，集体土地征收工作中，地上附着物及青苗补偿费应当支付给其所有者。实践中，由于对地上附着物及青苗的所有者存在异议，引发了大量以补偿款的支付对象为核心问题的争议，对于这些争议应当通过民事诉讼还是行政诉讼途径解决，存在不同意见。

【不同观点】

一种观点认为，此处的补偿争议，实际上就是所有者争议，而所谓所有者争议，本质上是民事争议，应当通过民事诉讼途径解决。征地机关可待民事法律关系清晰后，再根据《土地管理法实施条例》第二十六条的规定支付安置补偿费即可。

另一种观点认为，征地机关作为地上附着物及青苗补偿费的支付主体，查明地上附着物及青苗的所有者，并依法支付地上附着物及青苗补偿费是其法定义务。如果其将地上附着物及青苗补偿费错误支付，则应当承担相应的法律责

---

① 《土地管理法实施条例》第二十六条　土地补偿费归农村集体经济组织所有；地上附着物及青苗补偿费归地上附着物及青苗的所有者所有。征收土地的安置补助费必须专款专用，不得挪作他用。需要安置的人员由农村集体经济组织安置的，安置补助费支付给农村集体经济组织，由农村集体经济组织管理和使用；由其他单位安置的，安置补助费支付给安置单位；不需要统一安置的，安置补助费发放给被安置人员个人或者征得被安置人员同意后用于支付被安置人员的保险费用。

任,利害关系人可以通过行政诉讼救济自身权利。

【裁判思路与裁判规则】

在土地征收部门将地上附着物及青苗补偿费支付给所有者的过程中,实际上同时包含了两种法律关系:地上附着物及青苗与其所有者之间的民事法律关系,以及土地征收部门将费用支付给地上附着物及青苗所有者的行政法律关系。在地上附着物及青苗补偿费的支付发生争议的情况下,上述两种法律关系的存在就使相关争议的处理涉及民行交叉案件的审理问题。

本书认为,在民行交叉案件中,民事行为与行政行为的关系,总体上可以分民事行为系行政行为的基础法律关系与民事行为和行政行为相互独立两大类。后者例如,甲与乙的房屋相邻,甲认为乙的房屋因违建影响了其房屋的采光。对此,甲既可以相邻关系为由,向乙提起民事侵权诉讼,要求乙排除妨害;又可以规划部门为被告提起行政诉讼,要求后者履行查处违章建筑的法定职责。两个诉讼相互独立,可以各自进行。而前者,也就是在以民事法律关系为基础的行政争议中,民事行为与行政行为的关系又可以进一步分为两类:一类是民事行为对行政行为具有预决作用,行政行为本身并不是权利形成的核心要素。例如,不动产登记行为,在行政机关作出此类行为的过程中,不动产登记行为所引发的物权变动法律效果并非来自登记机关的意思表示,而是来源于民事法律关系中当事人的意思表示,或者说,行政行为只是对相对人民事行为的核实、记载以及公示,而不具有决定作用。此时,民事法律关系对于行政行为具有决定性的影响。另一类是民事行为仅是行政行为作出的必要条件,行政行为本身对于相对人的权利义务具有实质性的形成作用。例如,工伤认定与劳动关系认定之间的关系。具有劳动关系是劳动者可以申请工伤认定的基本前提条件,而用人单位与劳动者之间是否具有劳动关系属于民事法律关系范畴。在这里,劳动关系虽然是工伤认定的必要条件,但却不是充分条件,是否构成工伤最终还需要结合造成伤害的原因、地点、时间等因素综合判定。这就意味着工伤认定部门作出的工伤认定决定,独立于劳动者与用人单位之间的民事法律关系,单独对劳动者的权利状态产生设定、变更或消灭的法律效果,从而具有了“形成权”的属性,体现了行政机关单方改变相对人权利状态的行政行为的效力。当然,在民行交叉案件中,还有以行政行为为基础的民事法律关系纠纷,鉴于本书系从行政诉讼角度讨论安置补偿问题,故该问题不展开论述。

在上述几种民行交叉类案件中,民事行为与行政行为相互独立时,对应的民事诉讼与行政诉讼原则上也可以并行不悖地展开,区别仅在于当事人如何选择救济途径。但行政行为以民事行为或民事法律关系为基础的情形下,则应当以通过民事诉讼解决作为基础或前提的民事法律关系为原则,除非当事人仅针对行政行为的程序或对行政程序中无争议事实的认定不服提起诉讼。例如,《最高人民法院关于审理房屋登记案件若干问题的规定》第八条规定:"当事人以作为房屋登记行为基础的买卖、共有、赠与、抵押、婚姻、继承等民事法律关系无效或者应当撤销为由,对房屋登记行为提起行政诉讼的,人民法院应当告知当事人先行解决民事争议,民事争议处理期间不计算在行政诉讼起诉期限内;已经受理的,裁定中止诉讼。"该条规定意在表明,如果当事人相关争议的解决涉及民事法律关系,应当先行解决民事法律关系争议;而如果当事人对民事法律关系没有争议,仅仅是对登记程序或者是就登记机关对无争议的民事法律关系的认定产生异议,则可以直接提起行政诉讼。这一点,对于民事法律关系起先决作用的行政行为和民事法律关系仅为必要条件的行政行为都是相同的。区别在于,通过民事诉讼解决相关的民事争议之后,在后者,也就是以民事法律关系为必要条件的行政行为,由于行政机关作出的行政行为具有独立于民事行为的形成效力,因此还需要单独就行政行为争议提起行政诉讼。而对于前者,由于民事法律关系直接决定了行政行为是否作出,以及怎样作出,因此,一般而言,当事人直接以民事判决或裁定为依据要求行政机关作出新的行政行为即可,无须单独就行政争议本身再次提起行政诉讼,除非行政机关拒不履行给付义务。

反观本节讨论的地上附着物及青苗补偿费的给付行为,很显然,由于《土地管理法实施条例》第二十六条规定,地上附着物及青苗补偿费归地上附着物及青苗的所有者所有。因此,地上附着物及青苗与其所有者之间的民事法律关系,对于土地征收部门给付地上附着物及青苗补偿费的行政法律行为是具有预决作用的，地上附着物及青苗补偿费事实上是被征收人让渡所有权的对价，因此，当事人是否应当取得地上附着物及青苗补偿费，根本上取决于其是否为地上附着物及青苗的所有权人这一民事法律关系，而非行政给付行为。在此前提下，如果产生地上附着物及青苗补偿费给付争议的原因，主要在于所有权争议，则应当引导当事人先行提起民事诉讼，解决以所有权为核心的各种民事法律关系。此时，针对行政行为的行政诉讼不是争议解决的必经程序，当事人可以凭民事法律关系凭证，直接要求行政机关履行给付义务。如果当事人坚持就相关行政行为提起诉讼，同时，没有请求人民法院一并审理相关民事争议的，人民法院应当告知当事人依法申请一并解决民事争议。当事人就民事争议另行提起民事诉讼并已立案的，人民法院应当中止行政诉讼的审理。民事争议处理期间不计算在行政诉讼审理期限内。如果当事人拒不申请一并审理相关民事争议，也不另行提起民事诉讼，对此，诉讼法及其解释均未作出明确规定。本书认为，在民事法律争议直接影响案件的原告资格是否适格，所提之诉是否具备基本的事实根据等《行政诉讼法》第四十九条规定的案件受理条件的情况下，人民法院可以依法裁定驳回起诉；如果民事法律争议不涉及案件的受理条件，而只影响实体处理，人民法院可以依据现有证据材料所反映的事实依法作出裁判。但如果当事人之间对民事法律关系没有异议，地上附着物及青苗补偿费争议主要在于行政程序或是征收部门对无争议的民事法律关系及其凭证的认定与否，则显然应当提起的是针对相关行政行为的行政诉讼。这里的相关行政行为，既可能是征收部门与被征收人达成安置补偿协议的协议行为，也可能是在没有达成安置补偿协议的情况下，行政机关作出的直接支付或提存行为，还可能是支付的程序性行为等。

【相关案例】

申某诉郑州市二七区人民政府、郑州市二七区马寨镇人民政府撤销行政协议案*

基本案情:第三人张某于2013年10月25日与郑州市二七区马寨镇合村并城拆迁安置工作指挥部签订了《马寨镇合村并城拆迁安置补偿协议书》,2013年10月29日,签署了房屋腾空验收单,载明房屋已腾空,门窗部分拆除,同意将房屋交付拆除,并领取了房屋补偿款。再审申请人申某提起本案诉讼主张,其与第三人张某已经离婚多年,并单独立户,拆迁部门在未获得再审申请人同意的情况下,与张某签订《拆迁安置补偿协议书》,导致作为独立一户的申某及其子女没有得到补偿,严重侵害了申某的合法权益。另,案涉争议宅基地登记在张某名下。

裁判摘要:本案中,再审被申请人与涉案宅基地证载的权利人签订协议,符合农村地区对宅基地房屋补偿安置的一般惯例。在涉案房屋已被实际征收,协议约定的安置补偿事项开始逐步落实的情况下,撤销被诉安置补偿协议亦不利于涉案各方被征收人利益的保护。鉴于针对张某作出的补偿安置已经包含了申某依据安置补偿办法所应当享有的安置补偿利益,故申某可就其应得的份额通过民事诉讼途径向第三人张某主张。

---

* (2018)最高法行申9140号。

21 对征地补偿标准不服，协调是否为裁决或复议的前置程序

【问题的由来】

《土地管理法实施条例》第二十五条第三款规定："……对补偿标准有争议的，由县级以上地方人民政府协调；协调不成的，由批准征收土地的人民政府裁决。征地补偿、安置争议不影响征收土地方案的实施。"该规定确定了征收补偿过程中，对安置补偿标准争议，先协调然后裁决的救济路径。此后，《国务院法制办公室关于依法做好征地补偿安置争议行政复议工作的通知》(国法〔2011〕35 号)规定："被征地集体经济组织和农民对有关市、县人民政府批准的征地补偿、安置方案不服要求裁决的，应当依照行政复议法律、法规的规定向上一级地方人民政府提出申请。"该规定将裁决改造为复议制度，但是规定本身没有明确协调机制是否依然保留。由此，实践当中对于不服补偿标准，是否必须经过协调程序这一问题，产生了不同认识。

【不同观点】

一种观点认为，前述 35 号令已经将裁决修改为复议制度，并明确指出："被征地集体经济组织和农民对有关市、县人民政府批准的征地补偿、安置方案不服要求裁决的，应当依照行政复议法律、法规的规定向上一级地方人民政府提出申请。"既然 35 号令已将征地补偿安置标准争议解决方式改为行政复议，而行政复议法及其实施条例并未规定"协调"为复议的必经前置程序(即"协调"是"裁决"的前置程序，法律、法规并未规定"协调"为行政复议的前置程序)，故

将“协调”作为行政复议的前置程序,缺少法律依据。此外,征地补偿标准系征地批准机关在征地审批程序中审查的内容之一,批准征地意味着有关部门已经同意征地补偿标准,因此,补偿标准如需更改,应经征地批准机关同意,故土地管理法实施条例规定补偿标准争议协调不成的,由批准征地的机关裁决。这里所指的“协调”,并不仅是在征地具体实施单位与被征收人之间“协调”,因为两者之间争议最多的是补偿对象认定、面积多少、有无按照补偿标准落实等问题。所谓“协调”,更主要的是就被征收人反映的补偿标准问题向批准征地机关汇报、沟通、提出相关意见和建议。而补偿标准争议解决方式改为行政复议后,行政复议机关可能不是批准征地的机关,这种情况下,复议机关即使认为补偿标准存在问题,一般也不会直接改变,而应提出意见和建议报批准征地机关,由批准征地机关决定。复议机关将自己对补偿标准的意见和建议报征地批准机关审查决定的过程,实际上已经起到了“协调”的作用,故不宜在复议之前再设置“协调”程序。

另一种观点认为,前述35号令只是将《土地管理法实施条例》第二十五条第三款中的裁决制度修改为复议制度,并没有涉及裁决前的协调程序,更没有废止该程序。因此,根据《土地管理法实施条例》的规定,协调依然是提起复议的必经程序。

【裁判思路与裁判规则】

征地补偿安置争议协调裁决制度是建立和完善有效的被征地群众利益诉求机制和权益保障机制的重要手段,这里首先介绍一下该制度的建立过程。

1998年12月24日颁布实施的《土地管理法实施条例》第二十五条第三款规定:“……对补偿标准有争议的,由县级以上地方人民政府协调;协调不成的,由批准征收土地的人民政府裁决。征地补偿、安置争议不影响征收土地方案的实施。”自此,征地争议协调裁决机制作为一项重要的征地纠纷解决机制建立起来。

2001年10月原国土资源部发布的《征收土地公告办法》第十五条规定:“因未按照依法批准的征收土地方案和征地补偿、安置方案进行补偿、安置引发争议的，由市、县人民政府协调；协调不成的，由上一级地方人民政府裁决。征地补偿、安置争议不影响征收土地方案的实施。”

2004 年 10 月 21 日《国务院关于深化改革严格土地管理的决定》（国发〔2004〕28 号）再次明确要求：“要加快建立和完善征地补偿安置争议的协调和裁决机制，维护被征地农民和用地者的合法权益。”

2006 年 1 月原国土资源部召开了全国国土资源系统征地补偿安置争议裁决工作座谈会，在全国推行这项制度。会议提出，全面推行补偿安置争议裁决协调制度，对于引导被征地的农村集体经济组织和农民通过法定渠道化解征地矛盾，解决征地纠纷，切实维护社会稳定具有重要意义。[①] 随后，2006 年 6 月 21 日原国土资源部下发《关于加快推进征地补偿安置争议协调裁决制度的通知》（国土资发〔2006〕133 号）指出：“征地补偿安置争议协调裁决制度，是《中华人民共和国土地管理法实施条例》为解决征地补偿安置争议确立的专门制度。”“推行征地补偿安置争议协调裁决制度，是有效化解征地实施中矛盾和纠纷的有效途径。”文件下发后，部分省（市、区）的征地裁决制度开始逐步建立。

2011 年 5 月 18 日《国务院法制办公室关于依法做好征地补偿安置争议行政复议工作的通知》（国法〔2011〕35 号）规定：“被征地集体经济组织和农民对有关市、县人民政府批准的征地补偿、安置方案不服要求裁决的，应当依照行政复议法律、法规的规定向上一级地方人民政府提出申请。”

2011 年 11 月 18 日原国土资源部《关于进一步实现国土资源管理法治化的意见》（国土资发〔2011〕186 号）规定：“建立健全征地补偿标准争议裁决机制，对征地补偿标准争议要先行协调，协调不成的，依法进行裁决。”

从以上法规、规范性文件出台及相关规定的脉络我们可以看出，协调和裁决制度从来就是一个制度的两个环节，裁决的前提是先行协调。《土地管理法实施条例》第二十五条第三款设定“协调”程序的目的，在于让批准和组织实施征地补偿方案的人民政府有机会就被征收人对补偿标准所提异议中反映出来的相关问题，有针对性地对征地补偿安置方案及其确定的标准作出调整，或是

---

① 参见莫晓辉：《从裁决到裁判：中国征地争议裁判制度研究》，中国人民大学 2015 年博士学位论文。

对被征收人的个别异议及时作出处理,以保障土地征收工作的顺利进行。裁决制度改为复议制度后,虽然处理争议的复议机关一般不再是批准征收土地的机关,而是批准征地补偿、安置方案的县(市)级人民政府的上级政府,也就是设区的市的人民政府。但是,由于安置补偿方案的实际制定主体是市、县级人民政府及其自然资源管理部门,而对安置补偿标准争议的协调机关一般也是市、县级人民政府及其自然资源管理部门,因此,即使裁决制度改为复议制度,协调机制对于有利于安置补偿方案的制定主体及时听取相关意见,调整方案相关内容,仍然是具有积极意义的。故而,不论是35号令之前的裁决制度还是之后的复议制度,协调程序作为一个法定环节,都是必经程序。也正因如此,不但《土地管理法实施条例》规定了协调程序,现行有效的相关配套法规也有类似规定,例如,《征收土地公告办法》第十五条第一款规定:“因未按照依法批准的征收土地方案和征地补偿、安置方案进行补偿、安置引发争议的,由市、县人民政府协调;协调不成的,由上一级地方人民政府裁决。”2004年10月21日《国务院关于深化改革严格土地管理的决定》(国发〔2004〕28号)也规定:“要加快建立和完善征地补偿安置争议的协调和裁决机制,维护被征地农民和用地者的合法权益。”

此外,目前,我国正在强化政府主导的非诉纠纷解决机制,人民法院也不断强调将非诉纠纷解决机制挺在前面,在这一大背景下,作为实践证明行之有效的协调制度,不但应当继续坚持,而且应当进一步有所发展。对此,自然资源主管部门在针对最高法院个案的答复中,也有明确表态:《土地管理法实施条例》第二十五条第三款设定的“协调”程序应为申请复议或裁决的必经程序。

22 当事人因不服安置补偿行为提起诉讼，人民法院应当直接审理还是告知当事人由行政机关先行处理

【问题的由来】

因对《土地管理法实施条例》第二十五条第三款有关规定[①]的理解存在差异，实践中，对于因不服安置补偿提起的诉讼，人民法院应当直接审理，还是告知当事人由行政机关先行处理，存在不同意见。

【不同观点】

一种观点认为，依据《最高人民法院关于审理涉及农村集体土地行政案件若干问题的规定》第十条"土地权利人对土地管理部门组织实施过程中确定的土地补偿有异议，直接向人民法院提起诉讼的，人民法院不予受理，但应当告知土地权利人先申请行政机关裁决"的规定，凡是涉及补偿安置问题的，当事人均应首先申请行政机关先行处理。

另一种观点认为，上述规定是对《土地管理法》的解释，而土地管理法及其实施条例只规定了对安置补偿方案中的"补偿标准"有争议的，应当由行政机关先行处理。因此，不宜将依据安置补偿方案实施的安置行为也纳入行政机关先行处理的范围。

---

① 《土地管理法实施条例》第二十五条第三款　对补偿标准有争议的，由县级以上地方人民政府协调；协调不成的，由批准征收土地的人民政府裁决。

【裁判思路与裁判规则】

《土地管理法实施条例》第二十五条第三款规定:“……对补偿标准有争议的,由县级以上地方人民政府协调;协调不成的,由批准征收土地的人民政府裁决……”由于省级政府或者国务院并未建立完善的“裁决”制度,且无力应对大量的裁决申请,因此,国务院法制办下发了《关于依法做好征地补偿安置争议行政复议工作的通知》(国法〔2011〕35 号,以下简称 35 号通知),将该条规定的裁决制度明确为复议制度,并表述如下:“被征地集体经济组织和农民对有关市、县人民政府批准的征地补偿、安置方案不服要求裁决的,应当依照行政复议法律、法规的规定向上一级地方人民政府提出申请。”由于 35 号通知是“经征求全国人大常委会法工委和最高人民法院的意见,并报国务院领导同意”的,因此,各级人民政府、法院以及土地管理部门都应当尊重并参照执行 35 号通知,即对征地补偿、安置方案不服的,不再通过裁决程序,而是申请上一级地方人民政府复议。最高人民法院发布的《关于审理涉及农村集体土地行政案件若干问题的规定》第十条相关规定,自然也应当结合 35 号通知精神,作相应的理解。尽管《土地管理法》《土地管理法实施条例》以及其他规定,在涉及安置补偿时分别在不同层面使用了“补偿标准”“征地补偿、安置方案”以及“支付、发放土地补偿费、地上附着物及青苗补偿费和安置补助费”等具体安置补偿行为,但是根据上述规定,相应的救济途径应当有所区别。由于复议前置必须由法律、法规规定,国务院法制办在作出 35 号通知时,回避了复议前置问题。但考虑到《土地管理法实施条例》第二十五条第三款规定了“协调不成的,由批准征收土地的人民政府裁决”,实际暗含着行政裁决先行,然后再进入行政诉讼的意思。而根据 35 号通知精神,此处的“裁决”已经转变为“行政复议”。因此,结合上述两个文件的内容,不论是裁决还是复议主要是针对“补偿标准”和“征地补偿、安置方案”。这些都属于较为抽象的、规范化和技术化的行政行为,由行政机关先行复议处理,能够较好地减少纠纷,并及时统一标准。因此,可以明确对“征地补偿、安置方案”及其所确定的征地标准不服的,应当要求被征收人先申请复议,对复议不服的再提起行政诉讼。但对于根据“征地补偿、安置方案”,行政机关对每家每户作出的支付、发放土地补偿费、地上附着物及青苗补偿费和安置补助费的具体行为，则不能要求复议前置。因为，这些安置补偿的行为本来就不属于《土地管理法实施条例》第二十五条第三款规定的先行裁决范围，相应地，也不宜再扩大理解为复议前置的范围。事实上，由于具体的补偿安置行为是依据补偿安置方案和标准作出的具体的行政行为，直接对被征收人的权益产生影响，从行为性质上看是可诉的。从司法裁判的角度看，根据《土地管理法》以及各省对补偿标准的具体规定，并结合安置补偿方案，具体安置补偿行为是否合法的判断标准也是较为明确的，是一个可以由司法直接审查，并作出裁判的行政行为。此外，安置补偿行为本身就是市、县级人民政府及其自然资源主管部门依据安置补偿标准针对具体安置对象作出的一个安置补偿决定，再让其进行重复处理，也没有太大意义。

综上，被征地集体经济组织和农民对有关市、县人民政府批准的征地补偿、安置方案不服，向上一级地方人民政府申请复议，对复议决定不服提起诉讼的，人民法院应当受理。被征地集体经济组织和农民对被征收土地所在地的市、县人民政府支付、发放土地补偿费、地上附着物及青苗补偿费和安置补助费等补偿、安置行为不服的，可以申请行政复议，也可以直接向人民法院提起行政诉讼。

【需注意的问题】

根据35号通知的要求，《土地管理法实施条例》第二十五条第三款规定的裁决已经转变为复议，对此，应当理解为用复议制度替代了裁决制度，而不能理解为在原有裁决制度的基础上增加了复议制度，即不能理解为：先复议才能申请裁决，裁决后才能进一步提起诉讼，从而人为地给被征收人维护自身权益增加障碍。

此外，此处所说的人民法院可以直接受理的因安置补偿纠纷引发的案件，限于对适用安置补偿方案或标准的结果不服产生的争议。如果当事人提起的诉讼中，既对适用安置补偿方案或标准的结果和行为不服，又对安置补偿方案或标准本身不服，则因案件的审理涉及安置补偿标准问题，原则上应当一并交由行政机关先行处理。作出安置补偿方案的上一级人民政府受理复议申请并作出行政复议决定后，复议申请人提起行政诉讼的，人民法院应予受理。

随着修改后《土地管理法》的颁布施行，其配套行政法规《土地管理法实施条例》的修改也将很快列入日程。届时，《土地管理法实施条例》第二十五条规定的征地补偿安置争议裁决制度是删是留，走向如何？我们也将拭目以待。

【相关案例】

王某等 47 人诉山西省运城市盐湖区人民政府安置补偿案

基本案情：因建设大西高铁运城站站前广场，王某等 47 人所承包的土地 2013 年被依法征收。山西省运城市盐湖区人民政府向王某等 47 人发放了相关补偿款。王某等 47 人认为，被征收土地上的青苗挂果果园每亩应补偿 18000 元，盐湖区人民政府按每亩 7000 元补偿，少补偿了万元以上；每亩水浇地补偿价格应为 95100 元，而盐湖区人民政府只补偿每亩 85000 元，每亩少补 10100 元，遂向运城市人民政府申请行政复议，运城市人民政府经复议，维持了运城市盐湖区人民政府征收补偿行为。王某等 47 人不服，向运城市中级人民法院提起行政诉讼。

一审法院认为，依照《土地管理法实施条例》第二十五条和《最高人民法院关于审理涉及农村集体土地行政案件若干问题的规定》第十条的相关规定，本案中王某等 47 人对盐湖区人民政府征地补偿的行为提起诉讼，应当由行政机关先行裁决，没有裁决直接提起诉讼的，人民法院不予受理。故裁定驳回王某等 47 人的起诉。裁定后，王某等 47 人不服，上诉至山西高院。

裁判摘要：二审法院认为王某等 47 人对补偿标准不服，已经申请了复议，现向人民法院申请诉讼，人民法院应当受理，故裁定撤销一审裁定，指令一审法院继续审理。最终，人民法院受理了该案并进行了实体审理，终审判决以补偿标准并无不当为由，判决驳回王某等 47 人的诉讼请求。

三、诉讼参加人

23 农村集体经济组织成员的原告资格问题

【问题的由来】

《最高人民法院关于审理涉及农村集体土地行政案件若干问题的规定》第三条规定，村民委员会或者农村集体经济组织对涉及农村集体土地的行政行为不起诉的，过半数的村民可以以集体经济组织名义提起诉讼。此处的“过半数的村民”概念不确定，导致实践当中存在不同理解。

【不同观点】

一种观点认为，根据《村民委员会组织法》第二十二条第一款[①]的规定，过半数的本村十八周岁以上村民或者本村三分之二以上的户的代表可以行使村集体的决策权，因此，此处的“过半数村民”也应当是过半数的十八周岁以上村民，或者本村三分之二以上的户的代表，可以集体经济组织名义提起诉讼。

另一种观点认为，现实当中，凑齐过半数的十八周岁以上村民很难，为充分保护村民的合法权利，保障其诉权，此处的“过半数村民”不宜规定得过于苛刻，只要具有村民资格，不超过十八周岁的村民或者是过半数的户都可以集体经济组织名义提起诉讼。

---

① 《村民委员会组织法》第二十二条第一款　召开村民会议，应当有本村十八周岁以上村民的过半数，或者本村三分之二以上的户的代表参加，村民会议所作决定应当经到会人员的过半数通过。法律对召开村民会议及作出决定另有规定的，依照其规定。

【裁判思路与裁判规则】

《村民委员会组织法》第二十三条规定:“村民会议审议村民委员会的年度工作报告,评议村民委员会成员的工作;有权撤销或者变更村民委员会不适当的决定;有权撤销或者变更村民代表会议不适当的决定。”“村民会议可以授权村民代表会议审议村民委员会的年度工作报告,评议村民委员会成员的工作,撤销或者变更村民委员会不适当的决定。”第二十四第一款条规定:“涉及村民利益的下列事项,经村民会议讨论决定方可办理:……(二)从村集体经济所得收益的使用;……(四)土地承包经营方案;……(六)宅基地的使用方案;(七)征地补偿费的使用、分配方案;……(九)村民会议认为应当由村民会议讨论决定的涉及村民利益的其他事项。”可见,对于诸如征地拆迁这样一些涉及整个村集体重大权益的事项,村集体的“最高权力机构”村民会议有权行使相关权利。对于村民会议的组成,《村民委员会组织法》第二十一条第一款规定:“村民会议由本村十八周岁以上的村民组成。”第二十二条第一款规定:“召开村民会议,应当由本村十八周岁以上村民的过半数,或者本村三分之二以上的户的代表参加,村民会议所作决定应当经到会人员的过半数通过。法律对召开村民会议及作出决定另有规定的,依照其规定。”《最高人民法院关于审理涉及农村集体土地行政案件若干问题的规定》第三条规定,在村民委员会或者农村集体经济组织对涉及农村集体土地的行政行为不起诉情况下,过半数的村民可以以集体经济组织名义提起诉讼。这里的“过半数的村民”理论上行使的就是村民大会对于重大事项的决策权,而该权力的行使理论上应当符合权力主体“村民大会”的组织要求,也就是“本村十八周岁以上村民的过半数,或者本村三分之二以上的户的代表”。

但需要注意的是,“本村十八周岁以上村民的过半数,或者本村三分之二以上的户的代表”仅仅是召开村民大会的法定人数,而在实际行使权利时,《村民委员会组织法》仅要求上述参会主体的半数通过即可。照此计算,如果以全村的总人数和总户数作为基数,实际行使权利的村民数量只要超过本村十八周岁以上村民的四分之一或是户的三分之一即可。也就是说,虽然代表数量只有全村的四分之一或是三分之一，但是这些人可以代表村民的多数意见。同理，实践中，由于各种原因能够实际行使村民权利的主体占比有限，加之农村集体经济组织土地的分配原则上都以户为单位，因此，不论是“过半数的村民”还是“过半数的户”，其已足以代表村民的多数意见，原则上都符合《最高人民法院关于审理涉及农村集体土地行政案件若干问题的规定》第三条规定的“过半数”的要求。换句话说，这里的过半数，可以是“户”过半数，也可以是“人头”过半数，而不必过于强调人头的年龄或是户的三分之二。

【需注意的问题】

根据《最高人民法院关于审理涉及农村集体土地行政案件若干问题的规定》第三条第二款的规定，农村集体经济组织成员虽然转为城镇居民，但对涉及农村集体土地的行政行为不服的，过半数的原集体经济组织成员可以提起行政诉讼。

【相关案例】

雷州市新城街道昌大昌社区居民委员会上坡南村民小组曾某等286名村民诉雷州市人民政府及雷州市城市建设综合开发公司土地行政登记案*

基本案情：1985年12月10日，原海康县县城规划建设指挥部与上坡村委会原第二、三生产队签订《征地协议书》，征用土地面积92.3亩（包括涉案土地在内）。1987年6月16日原广东省国土资源厅作出《关于海康县房地产开发公司补办征地手续的复函》，广东省政府同意海康县房地产开发公司补办征地手续（即征用上坡村第二、三队坡耕地92.3亩）。2011年9月16日，原雷州市国土资源局与雷州城建公司签订《国有建设用地使用权出让合同》，将涉案土地出让给雷州城建公司使用。2011年12月6日，雷州城建公司向原雷州市国土资

* （2014）粤高法行终字第957号。

源局申请土地使用权登记。2011 年 12 月 26 日，雷州市人民政府向雷州城建公司颁发雷国用（2011）第 0000748、08243507153 号《国有土地使用证》。原告上坡南村民小组曾某等 286 名村民获悉后，于 2014 年 5 月 14 日提起行政诉讼，请求撤销雷国用（2011）第 0000748、08243507153 号《国有土地使用证》。

裁判摘要：《最高人民法院关于审理涉及农村集体土地行政案件若干问题的规定》（法释〔2011〕20 号）第三条第一款规定："村民委员会或者农村集体经济组织对涉及农村集体土地的行政行为不起诉的，过半数的村民可以以集体经济组织名义提起诉讼。"本案中，根据雷州市公安局新城派出所出具的证明，原告上坡南村民小组已满十八周岁的村民现有 545 人。上坡南村民小组曾某等 286 名村民参加诉讼，已超过半数村民，其提起本案诉讼主体适格，予以确认。

24 土地实际使用人的范围及原告资格问题

【问题的由来】

《最高人民法院关于审理涉及农村集体土地行政案件若干问题的规定》第四条规定，土地使用权人或者实际使用人对行政机关作出涉及其使用或实际使用的集体土地的行政行为不服的，可以以自己的名义提起诉讼。实践中，土地使用人和实际使用人的情况比较复杂，尤其是对此处的“土地实际使用人”怎么理解，具体指哪些主体，实践中存在较大分歧。

【不同观点】

一种观点认为，此处的“土地实际使用人”仅指没有获得集体土地使用证，但实际使用土地的农村集体经济组织。

另一种观点认为，此处的“土地实际使用人”应当既包括前述集体经济组织，又包括虽未取得权利证书，但实际使用集体土地的村民个人或者其他组织。

【裁判思路与裁判规则】

土地使用权人是指依法取得土地使用权属证书，合法使用集体土地的土地承包经营权人、宅基地使用权人、建设用地使用权人；土地实际使用人是指未取得土地使用权属证书，但合法使用集体土地的自然人、法人或是其他组织，包括因继承取得宅基地[①]、自留地[②]的土地使用权人，因宅基地的村内流转取得的宅基地使用权人，以及其他未及时颁证或颁证并不规范而产生的“权证”不符的情形，具体来说：

（1）因继承取得的宅基地。我国《土地管理法》确立了“一户一宅基”的基本原则。同时，根据相关法律规定，农村集体经济组织成员，在符合分户条件的情况下，可以通过申请获得一块独立的宅基地。宅基地在法律上属于集体所有，是不能继承的，但是1989年《国家土地管理局关于确定土地权属问题的若干意见》中规定：“通过房屋继承取得的宅基地，继承者拥有使用权。”1995年《确定土地所有权和使用权的若干规定》第四十九条规定：“继承房屋取得的宅基地，可确定集体土地建设用地使用权。”宅基地原使用人的子女可以通过继承房屋，当然地享有宅基地的使用权。这种使用权虽然受到法律保护，但由于其与物权的排他性和“一户一宅”的原则存在冲突，所以很多地方不会给使用人颁证，从而造成了对宅基地合法使用，但却没有法律凭证的情况。

（2）因流转取得的宅基地。我国对于宅基地转让问题的态度，总体上经历了两个历史阶段：一是1962年至1981年严格禁止宅基地转让行为的转让管制阶段。1962年《农村人民公社工作条例》、1963年中共中央出台的《关于各地对社员宅基地问题做一些补充规定的通知》、1981年国务院出台的《关于制止农村建房侵占耕地的紧急通知》等文件均明确：宅基地不准租赁和买卖；房屋可以买卖、租赁、抵押、典当，宅基地使用权随着房屋的买卖和租赁而转移。二是1982年至今，有限承认宅基地转让，但转让后取消宅基地申请资格的资格管制阶段。1982年《村镇建房用地管理条例》，1986年、1988年、1998年、2004年颁布的《土地管理法》以及2004年《国土资源部关于加强农村宅基地管理的意见》均明确：农民将房屋转让后，不能再申请和获得宅基地。这一规定在一定范围

---

① 1989年《国家土地管理局关于确定土地权属问题的若干意见》中指出：“通过房屋继承取得的宅基地，继承者拥有使用权”。1995年《确定土地所有权和使用权的若干规定》第四十九条规定：“……继承房屋取得的宅基地，可确定集体土地建设用地使用权。”

② 自留地的取得并不需要履行特定的法律程序，更多的则是由集体化时期家庭占有而祖辈相传，通常没有确权证明，往往是对自留地历史占有的政策认可（梁永欢案）。

和条件下,实际肯定了农村宅基地可以随房转让,但是,由于没有明确宅基地的买卖行为是否合法,同时考虑到购买方一户多宅的问题,是否予以登记,各地做法不一,很多也是不予登记的。

(3)因继承取得的自留地。自留地作为农业集体化时期的产物,在实行家庭联产承包责任制以后,自留地的分配根据各集体经济组织的实际情况相当灵活。就当前而言,自留地的取得并不需要履行特定的法律程序,更多的是由集体化时期家庭占有而祖辈相传,通常没有权属证明,在农村具有约定俗成的意味;自留地使用权也因农户基于长期耕种而被农户、农村集体及政府认可。特定自留地使用权人去世后,如果其还有家庭成员,且该成员属于本集体经济组织成员,则由该成员取得特定自留地的使用权。

(4)因承租而实际使用的集体土地。农村土地允许通过租赁的方式进行流转,尤其是在中央提出"三权分置"的背景下,以租赁为主要方式的农村土地经营权已经存在于广大农村。与此同时,因土地租赁或是地上房屋租赁而享有农村集体土地使用权,也成为集体土地实际使用权人的一种常见情况。例如,最高人民法院行政审判庭作出的(2016)最高法行申 5004 号行政裁定中,就认可了因签订《租用荒山坡地合同书》而取得集体土地实际使用权,进而对征地补偿问题单独提起诉讼的权利,从而肯定了土地承租人的诉讼主体地位。

除以上几种情况外,因未及时、依法颁证,导致合法经营的承包土地没有取得承包经营权证,或是只在村集体登记却没有取得法定的土地承包经营权证等,都属于"土地实际使用人"的具体情况。而在《土地管理法》修改并施行后,随着集体经营性建设用地使用权的合法入市、宅基地使用权的自愿有偿退出等机制的建立,"土地实际使用人"的内涵将更为丰富。

需要说明的是,上述主体虽然都属于实际使用人,但并不意味着他们可以对所有的征收行为都提起诉讼。这里涉及适格原告资格问题上的"主观权利"和"最大侵害"理论。所谓"主观权利"理论,是指诉讼所保护的权利只能是属于原告自身的权利,除公益诉讼外,一般不得主张他人的权利。所谓"最大侵害"理论,是指在行政行为的影响波及多个主体,具有复效性的情况下,一般应当由受该行为影响最重、最直接的主体提起诉讼。例如,对于集体土地征收决定,由于该决定直接针对的是所有权,而所有权由集体经济组织享有。因此,尽管征收决定会间接对使用权和实际使用权人产生影响,但只有所有权的权利主体,也就是村集体经济组织可以对征收决定行使相关的救济权利。

【需注意的问题】

上述规定中的"土地实际使用人"虽然没有权利凭证,但应当是通过合法途径取得土地的土地使用人。明显通过违法手段取得或占用土地,或是没有任何权属来源的实际使用人,由于不受法律保护,当然也不具有行政诉讼原告的主体资格。

【相关案例】

尚某等诉河南省栾川县人民政府(以下简称栾川县人民政府)土地征收案*

基本案情:尚某等对栾政土〔2013〕05 号文——《栾川县人民政府关于栾川县 2013 年度第二批乡镇建设用地的审查意见》不服,依据《行政诉讼法》第九十条之规定,向法院提起诉讼。

裁判摘要:原告只有在行政行为侵犯其合法权益的情况下,才具备诉讼主体资格。"合法权益"应当是法律上客观存在而能被独立提出主张的权益。根据《土地管理法》第十条的规定,农民集体所有的土地依法属于村农民集体所有,不属于农民个人或部分人所有。再审申请人因对栾川县人民政府征收村集体土地的行为不服提起诉讼,只有作为土地所有权人的农民集体经济组织才是权利主体,与征收行为具有利害关系。因此,如果再审申请人认为村农民集体享有的土地所有权或使用权受到他人侵害,需要主张权利的,应通过法定的途径和形式,将农民个人的意愿转化为村农民集体的意愿,以农民集体经济组织的名义对外主张权利,个人未经授权不能代表农民集体经济组织对外主张权

* (2016)最高法行申 44 号。

利，包括提起行政诉讼。《最高人民法院关于审理涉及农村集体土地行政案件若干问题的规定》第三条第一款规定："村民委员会或者农村集体经济组织对涉及农村集体土地的行政行为不起诉的，过半数的村民可以以集体经济组织名义提起诉讼。"第四条规定："土地使用权人或者实际使用人对行政机关作出涉及其使用或实际使用的集体土地的行政行为不服的，可以以自己的名义提起诉讼。"本案中，一方面，原告未提供证据证明其对涉案土地享有直接、独立、排他的合法权益，不是涉案土地的承包人和实际使用人；另一方面，也不存在过半数的村民以集体经济组织名义提起诉讼的情形，原告以自己的名义起诉于法无据。

25 集体土地上房屋的经营性承租人，可否就征收补偿行为提起诉讼

【问题的由来】

《土地管理法》第四十六条第二款规定："被征收土地的所有权人、使用权人应当在公告规定期限内，持土地权属证书到当地人民政府土地行政主管部门办理征地补偿登记。"《土地管理法实施条例》第二十六条第一款、第二款规定："土地补偿费归农村集体经济组织所有；地上附着物及青苗补偿费归地上附着物及青苗的所有者所有。征收土地的安置补助费必须专款专用，不得挪作他用。需要安置的人员由农村集体经济组织安置的，安置补助费支付给农村集体经济组织，由农村集体经济组织管理和使用；由其他单位安置的，安置补助费支付给安置单位；不需要统一安置的，安置补助费发放给被安置人员个人或者征得被安置人员同意后用于支付被安置人员的保险费用。"那么，集体土地上房屋的承租人，特别是经营性房屋的承租人，是否属于"土地的使用权人"，其在安置补偿争议中，可否绕过作为土地使用权人的出租人，直接对安置补偿问题提出异议，实践当中存有争议。

【不同观点】

一种观点认为，根据《土地管理法》及其实施条例的规定，土地征收补偿对象是被征收土地的所有权人、使用权人，以及房屋所有权人，不包括房屋的承租人。因此，对于房屋承租人因土地征收导致的相关征地补偿，不宜由承租人直接向政府主张补偿。

另一种观点认为，承租人虽不是房屋所有权人，但其是改建及装修装饰物的所有权人，依照法律、法规规定，被征房屋附属物及装修装饰属于补偿内容，承租人作为该项财产所有人，有权要求给予征收补偿。实践中，很多情况下征收实施部门并不把承租方作为该项损失补偿事宜的协商对象，如果再不允许承租人就该项补偿行为提起诉讼，则承租人将会丧失对其应得的该项补偿的议价权，其合法权益无法保障。

【裁判思路与裁判规则】

集体土地上房屋的经营性承租人可否就补偿问题直接提起诉讼，应根据承租人的具体诉讼请求和所对应的权利保护规范，作区分处理：

(1)经营性承租人因具有所有权的财产(如其机器设备、原材料等)在征收过程中受损所致损失，由于该项损失属于其主观权利范畴，因此，其可以在相关行为确认违法的前提下，作为利害关系人通过国家赔偿诉讼直接从作为赔偿义务机关的征收人处取得相关赔偿。

(2)经营性承租人主张的因厂房改建、装修装饰等，一般情况下不宜支持其通过行政诉讼直接从征收人处取得相关赔偿。具体理由如下：

首先，从租赁权的法律属性看，承租人既不是被征收房屋的所有权人，也不享有类似公有房屋承租人的房屋使用权，租赁权不具有物权属性。相应地，承租人也就不享有基于物权而产生的请求权。

其次，从动产与不动产的关系看，一般认为，在发生动产与不动产附合的情况下，应当由不动产所有人取得附合物的所有权。在新的财产应归不动产所有人所有以后，动产所有权发生消灭。动产所有人可以取得与其动产价值相当的补偿。据此，装饰装修物与被征收房屋形成附和的情况下，应当由房屋所有权人取得装饰装修物的所有权，并对装饰装修物所有权人给予适当补偿。

再次，从现有类似纠纷的处理规则看，在房屋被征收的情况下，依据《合同法》第九十四条的规定，出租人和承租人均可行使租赁合同解除权。解除租赁合同导致的承租房屋的装修损失等，根据合同相对性的原理，承租人可向出租人主张，产生纠纷可通过民事诉讼解决。民事诉讼中不仅仅是解决承租人与出租人之间关于装修补偿费用的分配问题,还会根据承租人提交的相关证据审查装修等具体损失数额,以及经营性损失等,承租人的相关权益可以得到充分的司法救济。

最后,从行政效率的角度来看,房屋的价值不仅包括房屋本身,也应包括作为添附的装修。实践中,就房屋的补偿,征收部门通常与房屋所有权人协商确定房屋补偿即可,其对房屋价值的评估通常也包括装饰装修物的价值。如要求将经营性承租人也作为征收拆迁行为的相对人,并且将房屋本身的价值和装修的价值分别评估,必将大大增加行政执法成本,降低行政效率。至于装修的补偿,应按照合同相对性的原理,在所有人和承租人双方关系框架下处理。

但要注意的是,前述论断的前提,是对房屋价值的评估通常也包括装饰装修物的价值。如果经营性房屋的改建、装修费用未补偿给房屋所有权人,则应当允许房屋承租人直接就该项损失提起诉讼。此时,房屋承租人的利益虽然也可以通过民事诉讼途径向房屋所有权人主张,但由于民事诉讼只能在出租人获得安置补偿的范围内解决二者之间的费用分配问题,而不可能从根本上解决征收部门对该部分损失是否进行了合理补偿的问题。即民事诉讼只能解决“分蛋糕”的问题,而不能解决“做蛋糕”的问题。即使民事诉讼支持承租人的损失,要求出租人支付相关损失,但在出租人未取得经营性房屋改建、装修费用,且已经签订安置补偿协议或是超过起诉期限的情况下,就会导致房屋出租人承担本应由征收人承担的相关补偿费用,而这与房屋征收人应当对由征收行为引起的损失负总责的原则显然相悖,故应当允许经营性承租人直接提起复议或诉讼,向征收人主张相关权利。诉讼实践中,由于经营性房屋改建、装修装饰费用是否确为承租人支出,承租人在租赁合同中是否明确放弃了房屋改建、装修装饰费用以及出租人是否与征收人就房屋改建、装修装饰费用等达成一致均需通过实体审理方可查明,故从程序上讲,承租人以上述损失为由提起的安置补偿或国家赔偿诉讼,在符合《行政诉讼法》第四十九条规定的前提下,一般应当先予受理。

【需注意的问题】

2020 年 1 月 1 日施行的修改后的《土地管理法》第六十三条明确规定:“土

地利用总体规划、城乡规划确定为工业、商业等经营性用途,并经依法登记的集体经营性建设用地,土地所有权人可以通过出让、出租等方式交由单位或者个人使用。"这里的"出租",本书认为是集体经营性建设用地一级市场的一种流转和用地方式,承租人通过合同的约定以及后期相关立法还可能进一步获得不动产登记。在此情况下,其获得的虽然是承租期间集体经营性建设用地的使用权,但这类承租人是征地补偿行为的直接相对人(例如,对地上附着物及停产停业的补偿),对于征收补偿行为具有当然的诉讼主体资格。

【相关案例】

1. 海口龙华湘水源商务宾馆(以下简称湘水源宾馆)诉海口市龙华区人民政府(以下简称龙华区政府)行政征收案*

基本案情:2011 年 6 月 19 日,何某作为出租方与梁某作为承租方签订《房屋租赁合同》约定:何某将位于海口市坡博路,土地证号为海口市国用(2007)第 007711 号的一幢十层建筑物租给梁某,梁某将该房屋用于宾馆经营。该合同中约定,如出现"政府征用"这一不可抗力,政府给予的不动产的补偿费用归何某所有,动产的补偿费用归梁某所有。2012 年 9 月 19 日,海口市龙华区行政管理局金盘工商所给梁某颁发个体工商户营业执照,名称为海口龙华湘水源商务宾馆,经营场所位于海口市××××号。2016 年 8 月 30 日,龙华区政府作出《关于坡博、坡巷片区棚户区(城中村)改造项目房屋征收决定》,征收范围为东至龙昆南路,南至南海大道,西至南沙路,北至现代花园小区(具体范围以规划红线为准)。湘水源宾馆经营场所位于该征收范围内。湘水源宾馆认为其作为利害关系人,龙华区政府征收海口市龙华区坡博棚户区(城中村)集体土地及房屋行政行为违法。

裁判摘要:根据《行政诉讼法》第四十九条第一项、第二十五条第一款的规

---

* (2017)最高法行申 5387 号。

定，提起行政诉讼的原告应当是行政行为的相对人以及其他与行政行为有利害关系的公民、法人或者其他组织。在征收过程中具有原告资格的应当是征收行为的相对人或者与征收行为具有利害关系的公民、法人或者其他组织。一般而言，承租人与房屋征收行为之间不具有利害关系，不能成为行政诉讼的原告。但是，如果用于经营的房屋被征收，承租人在行政补偿中提出的室内装修价值、机器设备搬迁、停产停业等损失，与补偿决定之间具有利害关系，此时承租人可以作为原告提起诉讼。本案中，湘水源宾馆请求判决确认龙华区政府对坡博、坡巷棚户区（城中村）改造项目房屋征收行为违法，结合其一审起诉状中载明的三点理由来看，实质上是对龙华区政府作出的征收决定不服。湘水源宾馆作为承租人，与征收决定之间不具有利害关系，不具有原告资格。

2. 咸丰县蕊华养殖专业合作社（以下简称蕊华养殖合作社）诉咸丰县人民政府（以下简称咸丰县政府）土地行政补偿案*

基本案情：2008 年 2 月 23 日，蕊华养殖合作社与咸丰县高乐山镇杨泗坝村委会签订了一份《蛋鸡养殖场协议》，约定蕊华养殖合作社租用该村集体土地 10 亩，租赁期限为 10 年，每年租金 7000 元。经原湖北省国土资源厅批准，咸丰县政府于 2012 年年底启动工业园土地征收工作，蕊华养殖合作社所租赁土地属于被征地范围。咸丰县懿众房地产评估咨询有限公司对蕊华养殖合作社固定资产评估为 249.7 万元。蕊华养殖合作社不服该评估结论，认为该评估结果没有包含蛋鸡损失、新选址补偿费、搬迁费及建筑物楼层补偿等。湖北咸丰工业园管理委员会于 2016 年 6 月 4 日向咸丰县政府报送了关于养鸡场请求补偿的处理意见。咸丰县政府对蕊华养殖合作社的补偿请求未予处理，蕊华养殖合作社遂提起诉讼，请求确认咸丰县政府征收其白水坝养鸡场所租用的集体土地后对地上附着物不予征收及补偿的行政行为违法，责令咸丰县政府向其支付因

* （2018）最高法行再 194 号。

征收白水坝养鸡场所租用的集体土地应当支付的地上附着物补偿费。

裁判摘要:被告实施征地时,原告对涉案集体土地享有合法使用权,根据《土地管理法实施条例》第二十六条关于“地上附着物及青苗补偿费归地上附着物及青苗的所有者所有”的规定,其享有对涉案土地上的附着物获得补偿的权利,被告亦有义务支付被征收土地地上附着物补偿费。在听证程序中,被告亦认可就涉案土地地上附着物并未向任何主体进行补偿。因此,原告作为涉案土地地上附着物的所有人,有权主张其应得到的相应补偿,具有提起要求被告履行补偿职责之诉的原告资格。

26 集体土地征收过程中强制拆除主体不明情况下如何确定被告

【问题的由来】

《行政诉讼法》第二条规定:“公民、法人或者其他组织认为行政机关和行政机关工作人员的行政行为侵犯其合法权益,有权依照本法向人民法院提起诉讼。前款所称行政行为,包括法律、法规、规章授权的组织作出的行政行为。”第二十六条第一款规定:“公民、法人或者其他组织直接向人民法院提起诉讼的,作出行政行为的行政机关是被告。”据此,一般情形下,行政诉讼的适格被告即是作出被诉行政行为的行政机关和法律、法规、规章授权的组织。但是,在行政行为以非书面形式实施,且实施者未明确表明其身份或所属关系的情况下,适格被告的确定往往需要依赖法律或事实推定的手段。目前,《国有土地上房屋征收与补偿条例》中对于征收主体的规定较为明确,因此,司法实践当中,城市房屋征收过程中拆迁主体不明情况下推定的法律障碍较小。但在集体土地领域,《土地管理法》规定的征收实施主体既有市、县级人民政府,也有市、县级人民政府的土地管理部门,实践中还可能有其他形式的主体存在,故对于类似推定是否适用,以及怎样适用于集体土地征收存在不同意见。

【不同观点】

第一种观点认为,根据《行政诉讼法》第四十九条的规定,原告提起诉讼时,应当有明确的被告和事实根据,如果实施强制拆迁行为的主体不明,则属于缺乏明确被告或事实根据的情形,不符合行政诉讼的起诉条件,应当裁定驳回起诉。

第二种观点认为,由于《土地管理法》第四十六条第一款规定:“国家征收土地的,依照法定程序批准后,由县级以上地方人民政府予以公告并组织实施。”《土地管理法实施条例》第二十五条第一款规定:“征收土地方案经依法批准后,由被征收土地所在地的市、县人民政府组织实施……”根据上述规定,如果征地公告等证据能够表明,市、县人民政府具有实施强制拆迁行为的合理动机,则应当推定该强制拆迁行为系市、县人民政府所为。

第三种观点认为,《土地管理法实施条例》第四十五条规定:“违反土地管理法律、法规规定,阻挠国家建设征收土地的,由县级以上人民政府土地行政主管部门责令交出土地;拒不交出土地的,申请人民法院强制执行。”故在强制主体不明的情况下,应当推定系具体实施征收行为的土地管理部门所为。

第四种观点认为,《土地管理法》第四十六条第一款规定:“国家征收土地的,依照法定程序批准后,由县级以上地方人民政府予以公告并组织实施。”《土地管理法实施条例》第二十五条第一款规定:“征收土地方案经依法批准后,由被征收土地所在地的市、县人民政府组织实施……”上述规定中的“组织实施”表明,法律、法规并未绝对将具体的实施主体确定为市、县级人民政府,其组织从事具体强制拆除工作的主体,可以被视为法律、法规授权的主体,从而成为适格的被告。

第五种观点认为,对强制拆除行为的审查,应当严格按照“谁行为,谁被告”原则确定,只要行为人明确,或者有人出面自认或者“背锅”,则应当认定其为强制行为的实施主体,同时,也应当以其确定相应的救济途径。

【裁判思路与裁判规则】

在强制实施行为主体不明的情况下,依据相关法律和事实,对强制实施者进行推定,是使权益受损的被征收人避免处于“无人可告”僵局的有效手段。在这一推定过程中,起实质性作用的是法官的“证明评价”,而决定法官证明评价走向的则是现行法律、法规对强制行为法定职责的规定和日常经验法则。具体来说:

(1)《土地管理法》第四十六条第一款规定:“国家征收土地的,依照法定程序批准后,由县级以上地方人民政府予以公告并组织实施。”《土地管理法实施条例》第二十五条第一款规定:“征收土地方案经依法批准后,由被征收土地所在地的市、县人民政府组织实施……”据此,在市、县级人民政府已经发布公告,确定由其对特定范围内的土地实施征收的情况下,依据“职权之所在,即义务之所在,也即责任之所在”的一般经验法则,并结合上述法律规范对征收职责的规定,可以推定市、县级人民政府是强制行为的实施者,并以其为被告。

(2)根据《土地管理法实施条例》第四十五条[①]的规定,在自然资源管理部门已经作出责令交出土地决定的情况下,由于强制工作此时已经具体由市、县级人民政府的自然资源管理部门进行落实并作出了相应的行政决定,因此,自然资源管理部门采取强制行为的盖然性要大于同级人民政府,此时,推定自然资源管理部门为实施主体,并以其为被告较为合适。

(3)根据《土地管理法》第四十六条以及《土地管理法实施条例》第二十五条规定中的“组织实施”的规定,强制拆除作为征收工作的一个具体环节,依法可以由市、县级人民政府组织有关单位具体实施,而非必须自己亲力亲为。如果根据有关规范性文件等材料可以证明,市、县级人民政府或其自然资源管理部门将具体强制拆除的工作委托给乡(镇)或者街道办事处等行政主体的,由于上述主体并非《土地管理法》及其实施条例确定的土地征收部门,从立法本意上来看,市、县级人民政府或其自然资源管理部门也无权将自身的法定职责间接授权给其他行政主体,所以,应当推定乡(镇)或者街道办事处等行政主体采取的强制拆除行为系受到市、县级人民政府或其自然资源管理部门的委托,相应的法律责任应当由市、县级人民政府或其自然资源管理部门承担,进而以其为适格被告。同时,由于乡(镇)或者街道办事处系受托方,为方便查明征收、委托相关事宜以及可能存在的其他超出委托范围的组织、协助行为,可以追加乡(镇)或者街道办事处等受托方为共同被告或第三人;而如果市、县级人民政府或其自然资源管理部门委托的主体是项目指挥部等没有行政主体资格的内设

---

① 《土地管理法实施条例》第四十五条 违反土地管理法律、法规规定,阻挠国家建设征收土地的,由县级以上人民政府土地行政主管部门责令交出土地;拒不交出土地的,申请人民法院强制执行。

机构或村委会、居委会等其他组织,由于这些组织不具有行政诉讼的被告能力,根据《行诉解释》第二十条第三款①、第二十四条第二款②的规定,应当以委托主体即市、县级人民政府或其自然资源管理部门为被告,同时,为方便查明征收、委托相关事宜以及可能存在的其他超出委托范围的组织、协助行为,可以追加项目部、村民委员会、居民委员会等受托人为第三人。

(4)如果特定主体在没有任何授权、委托的情况下径行实施强制行为,则根据其是否具有行政主体资格可作区分:在该主体具有行政主体资格的情况下,根据《行政诉讼法》第二十六条第一款的规定,以作出强制行为的行政主体为被告。如果该主体不具有行政诉讼主体资格,那还要根据其与行政机关的关系进一步区分如下:如该主体属于行政机关组建并赋予行政管理职能,但不具有独立承担法律责任能力的机构,则根据《行诉解释》第二十条第一款的规定,应当以组建该机构的行政机关为被告;如该主体系村委会、拆迁公司等非行政机关组建的组织,则在有明确证据证明上述组织实施强制行为与行政主体无关的情况下,应当告知被征收人通过民事或刑事途径解决相关争议。当然如果有关证据表明行政主体确有可能为实际授权或组织者,则应当允许以该行政主体为被告,通过实体审理,进一步确定案件事实。

【需注意的问题】

上述推定,本质上都是事实推定而非法律推定。因此,必须以法定职权的存在、能够证明实际实施行为的载体等相关证据为推定的前提。实践中,在责任主体不明的情况下,由于没有确切的证据,很可能会出现人民法院难以推定特定的主体实施了强制拆除行为的情况。此时,为防止被拆除人陷入维权无门的困境在强拆行为涉嫌构成犯罪的情况下,人民法院可以考虑根据《行政诉讼

---

① 《行诉解释》第二十条第三款　没有法律、法规或者规章规定,行政机关授权其内设机构、派出机构或者其他组织行使行政职权的,属于行政诉讼法第二十六条规定的委托。当事人不服提起诉讼的,应当以该行政机关为被告。

② 《行诉解释》第二十四条第二款　当事人对村民委员会、居民委员会受行政机关委托作出的行为不服提起诉讼的,以委托的行政机关为被告。

法》第六十六条[①]的规定，将有关材料移送公安、检察机关。

【相关案例】

韩某诉武汉市人民政府行政强拆案*

基本案情：韩某所有的房屋坐落于武汉市江汉区复兴村247号，房屋所有权证记载建筑面积为529.11平方米。2008年3月12日，原湖北省国土资源厅作出鄂土资函〔2008〕169号《省国土资源厅关于批准武汉市2007年度城中村第1批次建设用地的函》，同意武汉市人民政府征收江汉区长青街航侧村、江汉区汉兴街贺家墩村在内集体建设用地。2008年5月6日，武汉市人民政府根据该征地批复作出〔2008〕第46号《武汉市人民政府征收土地公告》，征收江汉区长青街航侧村、江汉区汉兴街贺家墩村10.9455公顷集体建设用地，韩某的上述房屋在征收范围内，2014年被拆除。韩某认为武汉市政府在实施房屋强制拆除前，未履行任何法律程序，其行为违法，诉至法院，请求法院判决确认武汉市政府强制拆除其位于武汉市江汉区复兴村247号的房屋违法。

裁判摘要：根据《土地管理法》第四十六条以及《土地管理法实施条例》第二十五条的规定，在被拆除房屋位于市、县级人民政府确定的征收范围内的情况下，除非市、县级人民政府能举证证明房屋确系在其不知情的情况下由其他主体违法强拆，人民法院可以依据上述法律规定，推定强制拆除行为系市、县级人民政府或其委托的主体实施。本案中，2008年3月12日，原湖北省国土资源厅作出鄂土资函〔2008〕169号《省国土资源厅关于批准武汉市2007年度城中村第1批次建设用地的函》，同意武汉市人民政府征收江汉区长青街航侧村、江汉区汉兴街贺家墩村在内集体建设用地。2008年5月6日，武汉市人民政府根据该征地批复作出〔2008〕第46号《武汉市人民政府征收土地公告》，征收江汉区长青街航侧村、江汉区汉兴街贺家墩村10.9455公顷集体建设用地，再审申

---

① 《行政诉讼法》第六十六条　人民法院在审理行政案件中……认为有犯罪行为的，应当将有关材料移送公安、检察机关。

* (2018)最高法行再105号。

请人的房屋位于征收范围内。在武汉市人民政府已经发布征地公告,且依据武汉市相关规定,征收行为由市政府等相关部门具体负责实施的情况下,原审法院以再审申请人并未提交证据证明武汉市政府组织参与了强拆其房屋为由,裁定驳回起诉,适用法律错误。

27 被征收人个人是否可以就征收公告以及安置补偿方案公告行为提起诉讼

【问题的由来】

《最高人民法院关于审理涉及农村集体土地行政案件若干问题的规定》(法释〔2011〕20号)第三条第一款规定:“村民委员会或者农村集体经济组织对涉及农村集体土地的行政行为不起诉的,过半数的村民可以以集体经济组织名义提起诉讼。”第四条规定:“土地使用权人或者实际使用人对行政机关作出涉及其使用或实际使用的集体土地的行政行为不服的,可以以自己的名义提起诉讼。”根据上述规定,有权对涉及农村集体土地的行政行为起诉的是集体土地的所有权人农村集体经济组织或者代表农村集体经济组织行使相关权利的村民委员会。而土地使用权人或者实际使用人只有对行政机关作出的涉及其使用或实际使用的集体土地的行政行为不服的,才可以自己的名义提起诉讼。实践中,由于对征收公告以及安置补偿方案公告是否对作为土地使用权人的被征收人个人的利害关系产生影响存在不同认识,从而对被征收人个人可否就两公告提起诉讼意见不一。

【不同观点】

一种观点认为,征收公告以及安置补偿方案公告仅是对征收以及安置补偿行为的告知,本身没有为被征收人创设权利义务,没有对被征收人的权利义务产生影响,因此,不论村集体还是村民个人,两公告都是不可诉的。

另一种观点认为,征收公告是对征地批复的告知行为,在其没有超出征地批复范围的情况下，征收公告是不可诉的。但安置补偿方案公告既涉及村集体的利益，也直接涉及村民个人的安置补偿利益，故对于安置补偿方案公告，村集体以及村民个人都是可以提起诉讼的。

还有一种观点认为，征收公告解决的是集体土地是否征收的问题，在没有超出批复范围的情况下，其与安置补偿方案公告一样，本身不会直接影响相对人的权利义务。但是如果不公告，则会对安置补偿对象的登记权、知情权、参与权等造成不利影响，因此，不予公告的行为村民个人是可以提起诉讼的。

【裁判思路与裁判规则】

《行政诉讼法》第二十五条规定：行政行为的相对人以及其他与行政行为有利害关系的公民、法人或者其他组织，有权提起诉讼。由此，决定原告资格的核心因素是“利害关系”问题。而在考虑利害关系时，是否存在一项法律赋予和保护的权利或利益，该权利是否为原告的主观权利，原告以该权利为基础所提争议是否形成实质争议以及原告的权利是否存在通过所提诉讼予以救济的必要性和可能性则是几个基本的考察点。

具体来说，在集体土地征收行为中，征收行为的对象是集体土地。依据《村民委员会组织法》第八条第二款①、《民法通则》第七十四条第二款②、《土地管理法》第十条③、《物权法》第六十条④等规定，乡（镇）或者村集体经济组织、村民委

---

① 《村民委员会组织法》第八条第二款　村民委员会依照法律规定，管理本村属于村农民集体所有的土地和其他财产……

② 《民法通则》第七十四条第二款　集体所有的土地依照法律属于村农民集体所有，由村农业生产合作社等农业集体经济组织或者村民委员会经营、管理。已经属于乡（镇）农民集体经济组织所有的，可以属于乡（镇）农民集体所有。

③ 《土地管理法》第十条　农民集体所有的土地依法属于村农民集体所有的，由村集体经济组织或者村民委员会经营、管理；已经分别属于村内两个以上农村集体经济组织的农民集体所有的，由村内各该农村集体经济组织或者村民小组经营、管理；已经属于乡（镇）农民集体所有的，由乡（镇）农村集体经济组织经营、管理。

④ 《物权法》第六十条　对于集体所有的土地和森林、山岭、草原、荒地、滩涂等，依照下列规定行使所有权：（一）属于村农民集体所有的，由村集体经济组织或者村民委员会代表集体行使所有权；（二）分别属于村内两个以上农民集体所有的，由村内各该集体经济组织或者村民小组代表集体行使所有权；（三）属于乡镇农民集体所有的，由乡镇集体经济组织代表集体行使所有权。

员会以及村民小组是集体土地的法定权利主体，对于针对集体土地的行政行为，上述主体显然可以作为法定权利主体提起诉讼。在这个问题上，虽然村民个人通常也是集体土地的实际使用人，土地是否征收对其权利也会产生一定影响，但是，一方面，从主观权利角度看，村民个人不是集体土地所有权的法定权利主体，因此，其无权以个人名义对针对集体土地所有权的征收行为提起诉讼；另一方面，从权利的属性和救济角度看，征收行为固然会对作为地上附着物的房屋、青苗等村民个人所有的财产产生影响，但是，这些财产是依附于土地的。在省级人民政府或者国务院依据《土地管理法》赋予的权力决定征收土地时，这些依附性的权利主要转化为安置补偿请求权，而不是对征地行为的否决权。因此，对于征地公告，即使其超出征地批复范围成为可诉的行政行为，也应当由集体土地的所有权人提起诉讼。具体来说：村民委员会或者相应农村集体经济组织可以作为原告提起行政诉讼；村民委员会或者农村集体经济组织对涉及农村集体土地的行政行为不起诉的，过半数的村民可以以集体经济组织名义提起行政诉讼；农村集体经济组织成员虽然转为城镇居民，但对涉及农村集体土地的行政行为不服的，过半数的原集体经济组织成员可以提起行政诉讼。

那么，对于不履行征收公告的行为，村民个人是否可以提起诉讼呢？根据《征收土地公告办法》第五条①和第六条②的规定，如果征地机关不履行征收公告义务，理论上可能会使被征收人个人在确定自身被征收人身份、被征收财产范围以及相应的办理补偿登记等方面受到不利影响。因此，《征收土地公告办法》第十四条规定："未依法进行征收土地公告的，被征地农村集体经济组织、农村村民或者其他权利人有权依法要求公告，有权拒绝办理征地补偿登记手续。"

---

① 《征收土地公告办法》第五条　征收土地公告应当包括下列内容：(一)征地批准机关、批准文号、批准时间和批准用途；(二)被征收土地的所有权人、位置、地类和面积；(三)征地补偿标准和农业人员安置途径；(四)办理征地补偿登记的期限、地点。

② 《征收土地公告办法》第六条　被征地农村集体经济组织、农村村民或者其他权利人应当在征收土地公告规定的期限内持土地权属证书到指定地点办理征地补偿登记手续。被征地农村集体经济组织、农村村民或者其他权利人未如期办理征地补偿登记手续的，其补偿内容以有关市、县土地行政主管部门的调查结果为准。

由此可以看出:一方面,由于不公告行为会对被征收人的权利产生不利影响,因此,《征收土地公告办法》赋予村民个人或者其他权利人依法要求征收部门进行公告的权利;另一方面,由于这种影响不会对征地决定的效力产生颠覆作用,所以被征收人的权利诉求最终还是只能体现在是否"办理征地补偿登记手续"这一安置补偿问题上。可见,如果允许被征收人脱离安置补偿问题,单纯的起诉确认不公告行为违法,通常是缺乏确认利益的。因此,在被征收人已经就征地行为、安置补偿行为等提起诉讼的情况下,人民法院可以起诉不履行征收公告行为不具有诉讼利益为由,裁定不予立案或者驳回起诉。而在当事人并未就征地行为或安置补偿行为提起诉讼的情况下,人民法院一般应引导被征收人就征收以及安置补偿行为提起诉讼,从而达到实质性解决纠纷的目的。但是,如果被征收人以确认自身财产是否属于被征收对象为由,要求征收部门履行公告职责,其目的是在通过公告内容判断征地行为或安置补偿行为是否合法的基础上,决定是否对后者发起挑战,则在其已向征收部门要求履行征收公告义务,有关行政机关不予处理的情况下,向人民法院提起行政诉讼,人民法院一般应当受理。

至于安置补偿方案公告,根据《征收土地公告办法》第八条的规定,其主要是就安置补偿标准、方式、对象、时间等内容进行告知,该内容既涉及土地所有权人,也涉及土地使用权人的安置补偿利益。但由于安置补偿方案公告本身并不直接对被征收人的权利义务产生影响,其公告的目的在于就安置补偿标准等听取意见,并在此基础上作出进一步的修改。因此,对被征收人权利义务产生影响的是经有关部门最终批准实施的安置补偿方案及其确定的标准,而不是公告本身。就此而言,安置补偿方案公告行为通常不可诉。

但是,对于不公告行为,由于其本身可能直接对被征收人的知情权、参与权以及后续的诉讼和复议权利产生不利影响,故而其可诉性是值得探讨的。《征收土地公告办法》第十四条第二款规定:"未依法进行征地补偿、安置方案公告的,被征地农村集体经济组织、农村村民或者其他权利人有权依法要求公告,有权拒绝办理征地补偿、安置手续。"该办法明确了被征收人有权要求征收部门依法履行安置补偿方案公告职责,但同样将落脚地置于是否"办理征地补偿、安置手续”。因此，由于安置补偿方案公告也只是土地征收和安置补偿工作中的一个环节，故而与判断征地公告可诉性问题时的分析同理，在被征收人已经就征地、安置补偿等行为提起诉讼的情况下，其虽然具有相应的权利基础，但是该项权利缺乏通过单纯的起诉不公告行为进行救济的必要性。对此，人民法院可以裁定驳回起诉或不予立案。但是，在村集体以及村民个人就安置补偿方案不公告的行为提起诉讼，要求行政机关履行公告职责，目的在于根据公告内容确定安置补偿行为是否合法，从而决定是否对具体的安置补偿行为和征收行为提起诉讼的情况下，其所提之诉则具有权利救济的必要性，人民法院通常应当受理。

【相关案例】

杨某诉鹤壁市人民政府确认土地征收程序违法案*

基本案情：杨某系鹤壁市淇滨区九州路办事处大来店村村民，在本村拥有承包地。2005 年 12 月 12 日，河南省人民政府作出《关于鹤壁市 2005 年度第四批城市建设用地的批复》(豫政土〔2005〕282 号)同意征收相关土地。杨某起诉称，在征收过程中，相关部门没有履行征收公告和安置补偿方案公告等法定职责，要求履行公告职责。

裁判摘要：本案中，杨某曾对有关部门不履行征收公告的行为一并提起诉讼，经释明，征收公告主要是对征收土地行为进行的告知，该行为影响的是被征收集体土地的所有权人村委会或村集体。虽然不履行该公告的法定职责也可能会对特定被征收人的安置补偿利益产生不利影响，但这种损害可以在后续的补偿安置过程中通过相关途径予以救济。因此，对于不履行征收公告法定职责的行为，原审法院认定应当由村委会或村集体以及过半数的村民提起诉讼并无不当。但是，对于安置补偿方案公告，其直接针对的是被征收土地的每一个权利人的具体的安置补偿利益，且庭审中，杨某明确表示，其诉讼的目的，在于明

---

* (2018)最高法行申 1638 号。

确安置补偿的范围和标准,以确定安置补偿利益是否受损,安置补偿行为是否合法性,从而确定救济途径和相应的请求。因此,应当允许其对此提起诉讼。本案审理过程中,经协调,最终以相关部门履行公告义务后杨某撤回再审申请方式结案。

28 土地储备机构实施的与征地相关的行为应当以谁为被告

【问题的由来】

《最高人民法院关于审理涉及农村集体土地行政案件若干问题的规定》第五条规定:“土地权利人认为土地储备机构作出的行为侵犯其依法享有的农村集体土地所有权或使用权的,向人民法院提起诉讼的,应当以土地储备机构所隶属的土地管理部门为被告。”但实践中,土地储备机构的组织形式多样,既有隶属于自然资源主管部门的,也有隶属于人民政府的,还有共管的甚至是没有隶属关系的。此外,土地储备机构实施的与征地相关的行为,其委托、授权主体和方式也比较多样,故对于土地储备机构实施的与征地相关的行为应当以谁为被告,实践中存在争议。

【不同观点】

一种观点认为,根据《最高人民法院关于审理涉及农村集体土地行政案件若干问题的规定》第五条的规定,土地储备机构实施的与征地相关的行为应当以其隶属的行政机关为被告,隶属于政府的以政府为被告,隶属于自然资源主管部门的以自然资源主管部门为被告。

另一种观点认为,2018 年 1 月 3 日印发的《土地储备管理办法》已经明确规定,土地储备机构应为县级(含)以上人民政府批准成立、具有独立的法人资格、隶属于所在行政区划的国土资源主管部门、承担本行政辖区内土地储备工作的事业单位。因此,对于土地储备机构的行为,都应当以其隶属的自然资源主管部门为被告。

还有一种观点认为,土地储备机构并不具有法定的征收职责,因此,根据《行诉解释》第二十条第三款①的规定,其实施的与征地相关的行为应当以委托的行政机关为被告。

【裁判思路与裁判规则】

为加强和规范土地储备管理,根据相关法律法规和国务院有关文件的规定,2018 年 1 月 3 日,原国土资源部、财政部、中国人民银行、中国银行业监督管理委员会联合修订了《土地储备管理办法》并以国土资规〔2017〕17 号文件的形式发布,其中规定:"土地储备是指县级(含)以上国土资源主管部门为调控土地市场、促进土地资源合理利用,依法取得土地,组织前期开发、储存以备供应的行为。土地储备工作统一归口国土资源主管部门管理,土地储备机构承担土地储备的具体实施工作。财政部门负责土地储备资金及形成资产的监管。""土地储备机构应为县级(含)以上人民政府批准成立、具有独立的法人资格、隶属于所在行政区划的国土资源主管部门、承担本行政辖区内土地储备工作的事业单位。国土资源主管部门对土地储备机构实施名录制管理。市、县级国土资源主管部门应将符合规定的机构信息逐级上报至省级国土资源主管部门,经省级国土资源主管部门审核后报国土资源部,列入全国土地储备机构名录,并定期更新。"从以上规定可以看出,土地储备机构是由县级(含)以上人民政府批准成立、具有独立的法人资格、隶属于所在行政区划的自然资源主管部门、承担本行政辖区内土地储备的具体实施工作的事业单位。据此,除非有规章以上法律规范的授权,土地储备机构不能以自己的名义独立承担行政职责。

同时,我国有关土地征收方面的法律、法规、规章均明确规定,土地征收的具体实施的职权由市、县级人民政府或自然资源主管部门行使,未规定可以将此类职权转授予其内设机构、派出机构或者其他组织。这也就意味着,这项职

---

① 《行诉解释》第二十条第三款　没有法律、法规或者规章规定,行政机关授权其内设机构、派出机构或者其他组织行使行政职权的,属于行政诉讼法第二十六条规定的委托。当事人不服提起诉讼的,应当以该行政机关为被告。

权只能由法律、法规、规章明确授权的行政机关行使，其内设机构、派出机构或者其他组织不得行使。土地储备机构只是市、县级人民政府批准成立的事业单位，无权独立实施与征收相关的行政行为。土地储备机构实施的与土地征收相关的行为，应视为该机构隶属的自然资源主管部门或者地方人民政府委托其实施的行为。因此，对土地储备机构实施的与征地相关的行为不服的，应以其隶属的自然资源主管部门或者地方人民政府为被告。如果该机构没有隶属关系的，应当以批准其成立的人民政府为被告，共管的，则视其履行的具体职责，选择共管机关中的一家或者共管机关一起作为被告。

29 如何确定补偿安置协议纠纷案件中的被告

【问题的由来】

《土地管理法实施条例》第二十五条第三款规定，征地补偿、安置方案报市、县人民政府批准后，由市、县人民政府土地行政主管部门组织实施。而在落实安置补偿工作的过程中，与被征地群众签订安置补偿协议的主体既有市、县级人民政府的自然资源主管部门，也有项目部、镇政府等，对于上述主体是否可以在因协议签订、履行等引发的纠纷中作为相关案件的适格被告，存在不同认识。

【不同观点】

一种观点认为，根据合同的相对性原则，谁与被征收人签订协议，就应当以谁为被告。如果签订的主体不是行政机关，则该协议也就不是行政协议，此类纠纷不属于行政诉讼的受案范围。

另一种观点认为，行政协议应当首先体现出行政的特点，签订协议既然是征收补偿工作的一部分，那么承担相应责任的主体就只能是法律、法规确定的征收主体，而不能简单地根据协议相对性来确定当事人的资格。

【裁判思路与裁判规则】

受到主体法定原则的限制，实践中协议的缔约主体与协议当事人在很多情况下并不统一。因此，因行政协议纠纷产生的案件，在确定被告问题上需要分情况讨论：

首先，在被征收人与市、县级人民政府或其自然资源主管部门签订协议的情况下，因《土地管理法》第四十六条第一款规定：“国家征收土地的，依照法定程序批准后，由县级以上地方人民政府予以公告并组织实施。”《土地管理法实施条例》第二十五条第三款规定：“……征地补偿、安置方案报市、县人民政府批准后，由市、县人民政府土地行政主管部门组织实施……”据此，市、县人民政府及其土地行政主管部门是法定的征收以及具体实施安置补偿工作的主体。相应地，其也是安置补偿协议的有权签订方，在因协议履行发生的纠纷当中，是当然的适格被告。

其次，在被征收人与乡、镇政府或街道办事处等行政主体签订协议的情况下，由于《土地管理法》第四十六条以及《土地管理法实施条例》第二十五条第三款在赋予市、县级人民政府或其自然资源行政主管部门“实施”补偿安置工作职权的同时，还赋予了其“组织”实施安置补偿工作的职权，也就是可以委托相关部门从事具体的安置补偿工作。因此，乡（镇）政府或者街道办事处可以根据当地市、县级人民政府及其自然资源主管部门制定的规范性文件或其他方式的明确授权，实施签订征收补偿协议等安置补偿行为。此时，由于乡（镇）政府或者街道办事处并非法定的安置补偿主体，也没有法律、法规、规章层面的明确授权，其进行的签约行为，在有规范性文件授权或是得到市、县级人民政府及其自然资源行政主管部门追认的情况下，应当视为受到市、县级人民政府或其自然资源行政主管部门的委托。在因其所签协议发生纠纷的情况下，应当以委托主体，也就是市、县级人民政府或其自然资源管理部门为被告。而在乡（镇）政府或者街道办事处等行政主体没有得到市、县级人民政府或其自然资源管理部门的授权，径行以自己名义签订安置补偿协议，且未得到有权机关追认的情况下，协议效力和主体的确定则涉及无权代理和表见代理的问题。对此，《民法总则》第一百七十一条规定：“行为人没有代理权、超越代理权或者代理权终止后，仍然实施代理行为，未经被代理人追认的，对被代理人不发生效力。”“相对人可以催告被代理人自收到通知之日起一个月内予以追认。被代理人未作表示的，视为拒绝追认。行为人实施的行为被追认前，善意相对人有撤销的权利。撤销应当以通知的方式作出。”此时，一般情况下应当以签订协议的乡（镇）政府或者街道办事处为被告。当然，根据《合同法》第一百七十二条对表见代理“行为人没有代理权、超越代理权或者代理权终止后，仍然实施代理行为，相对人有理由相信行为人有代理权的，代理行为有效”的规定，在被征收人确有理由认为乡（镇）政府或街道办事处有代理权的情况下，也可以将其签订协议的行为视为委托，从而以市、县级人民政府或其自然资源管理部门为被告。

再次，在被征收人与有权机关组建但不具备行政主体资格的指挥部、项目部等组织签订补偿安置协议的情况下，根据《行诉解释》第二十条①的规定，一般以组建该机构的行政机关为被告。

最后，在当事人与村委会、居委会等虽然不具有行政主体资格，但具有独立承担法律责任能力的主体签订协议的情况下，如果这些主体有有权机关的明确授权，则根据《行诉解释》第二十条第三款②的规定，应当以委托的有权机关为被告。而如果这些主体在未得到有权机关授权的情况下签订协议，则同样要考虑无权代理和表见代理的问题。在无权代理情况下，应当以村集体经济组织等法律主体为被告。而如果被征收人根据确凿的证据，有理由相信村集体经济组织等主体受到有权机关的授权，其实施的签约行为可以视为委托行为，则该代理行为有效，相应的法律后果应当由委托机关，也就是市、县级人民政府或其土地管理部门来承担，此时，后者应为适格的被告。

【相关案例】

1. 万某诉广德县人民政府（以下简称广德县政府）行政协议无效案*

基本案情：2016 年 4 月 1 日，安徽省人民政府以皖政地〔2016〕489 号《关于广德至宁国公路工程建设用地的批复》，同意在广德县杨滩镇境内征收农民集

---

① 《行诉解释》第二十条　行政机关组建并赋予行政管理职能但不具有独立承担法律责任能力的机构，以自己的名义作出行政行为，当事人不服提起诉讼的，应当以组建该机构的行政机关为被告。

② 《行诉解释》第二十条第三款　没有法律、法规或者规章规定，行政机关授权其内设机构、派出机构或者其他组织行使行政职权的，属于行政诉讼法第二十六条规定的委托。当事人不服提起诉讼的，应当以该行政机关为被告。

* （2018）最高法行申 8455 号。

体农用地,作为广德至宁国公路工程建设及拆迁安置用地,万某位于杨滩镇横冲村宁家湾组的宅基地在上述征收范围内。2016 年 4 月 28 日,广德县政府向广德县杨滩镇人民政府(以下简称杨滩镇政府)出具《授权委托书》,该授权委托书载明“因扬绩高速广德段公路项目建设的需要,委托人(广德县政府)需对扬绩高速广德段公路建设范围内的土地、房屋及附属物进行征收。现委托受托人(杨滩镇政府)具体负责实施杨滩境内项目建设范围内的土地、房屋及附属物拆迁、征收等事宜,并代表委托人与被征收人签订《土地征收补偿协议》和《房屋拆迁安置补偿协议书》等事项。上述委托事项,受托人不得转委托。”2016 年 7 月 24 日,杨滩镇政府作为拆迁人(甲方)与被拆迁人万某(乙方)就其被征宅基地上的房屋及附属物的补偿事宜签订了《扬绩高速公路(广德段)建设房屋拆迁协议书》。现该协议已经履行完毕。万某认为,杨滩镇政府无权以其名义签订补偿协议,即杨滩镇政府签订协议的行为没有法律依据,主体不合法致协议无效,遂提起本案行政诉讼。

裁判摘要:本案中,广德县政府以委托方式将涉案项目中位于杨滩镇境内的土地、房屋及附属物的拆迁、征收等事宜交由杨滩镇政府具体实施,并在授权委托书中明确表示杨滩镇政府系“代表”广德县政府与被征收人签订《土地征收补偿协议》和《房屋拆迁安置补偿协议书》,这意味着广德县政府对镇政府在受托范围内签订的相关协议予以认可,并承担相应的法律后果。该做法并不违反相关法律规定,也没有对再审申请人依法救济自身权利产生负面影响,加之协议目前已履行完毕。故再审申请人以主体不适格为由主张案涉协议无效,缺乏事实和法律依据,原审法院驳回其诉讼请求,并无不当。

2. 蒋某与重庆高新技术产业开发区管理委员会(以下简称重庆高新区管委会)、重庆高新技术产业开发区征地服务中心(以下简称征地服务中心)行政协议纠纷案*

基本案情:2016 年 7 月 21 日,蒋某向重庆市第五中级人民法院提起本案诉

* (2017)最高法行再 49 号。

讼称，征地服务中心于 2015 年 12 月 25 日与其签订的《征地拆迁补偿安置协议》主体不适格，实体内容及程序均属违法。故请求法院判决撤销该《征地拆迁补偿安置协议》，并对协议依据的渝府发〔2008〕45 号文件进行合法性审查。

裁判摘要：本案集体土地征收系经重庆市人民政府批准，重庆高新区管委会负责，并由征地服务中心具体签订补偿安置协议的，而征地服务中心受重庆高新区管委会领导，在原重庆市国土资源和房屋管理局高新技术产业开发区分局的具体指导下，代表重庆高新区管委会承担征地工作的事业单位，本身不具备行政主体资格，亦没有法律、法规或者规章授权其实施补偿安置工作。根据《执行解释》第二十一条“行政机关在没有法律、法规或者规章规定的情况下，授权其内设机构、派出机构或者其他组织行使行政职权的，应当视为委托。当事人不服提起诉讼的，应当以该行政机关为被告”的规定，结合本案征地服务中心作为代表重庆高新区管委会承担征地工作的机构这一事实，本案可以认定由重庆高新区管委会委托征地服务中心实施了补偿安置，且依据《执行解释》第二十条第一款规定，本案当事人以重庆高新区管委会作为被告提起诉讼，并无不当。同时征地服务中心因涉及本案协议签订，其在本案诉讼中作为第三人加入，亦属适当。

30 被征收人签订安置补偿协议后，还能否就强制拆除行为提起诉讼

【问题的由来】

实践中，常常出现征收人与被征收人达成安置补偿协议后房屋被强制拆除，被征收人对强制拆除行为不服提起诉讼的情况。对此，由于对被征收人签订补偿安置协议是否意味着对以不动产为核心的所有权以及其他动产权利的概括放弃存有不同看法，司法裁判中对于被征收人签订补偿安置协议后，是否还能就强制拆除行为提起诉讼认识不统一。

【不同观点】

一种观点认为，被征收人签订安置补偿协议，意味着其处分了以土地、房屋为核心的被征收财产的财产权，同时，也意味着其同意将相关财产交由征收部门处置。因此，其与后续的强制拆除行为没有法律上的利害关系，不能就此提起行政诉讼。

另一种观点认为，被征收人签订安置补偿协议，只表明其与征收人就被征收的房屋、土地的补偿达成一致，而并非概括性地放弃了所有的财产权。因此，如果签约后的违法拆除行为对其个人财产造成损害，其仍具有就强拆行为提起诉讼的权利。

【裁判思路与裁判规则】

根据《土地管理法》的相关规定，征地补偿包括土地补偿费、地上附着物及

青苗补偿费以及安置补助费。据此，通常情况下安置补偿协议主要是就上述内容与被征收人达成合意，一般不包括对屋内物品的处分。此外，《土地管理法实施条例》第四十五条规定："违反土地管理法律、法规规定，阻挠国家建设征收土地的，由县级以上人民政府土地行政主管部门责令交出土地；拒不交出土地的，申请人民法院强制执行。"据此，在被征收人不履行协议约定的搬迁义务的情况下，征收人应当通过司法途径依法解决。如果征收人在征收实施过程中以被征收人不履行协议为由，违法采取强制措施，对被征收人的个人财产或人身造成损害的，被征收人可以就此作为原告提起行政诉讼，但协议明确约定被征收人放弃相关个人财产权利，或者根据被征收人签订的腾房协议、房屋腾空单以及实施的交出房屋钥匙等行为，足以认定其放弃个人财产权利的，在无相反证据的情况下，其就涉及的相关财产所提诉讼不具有诉讼利益。

【相关案例】

1. 邹某诉武汉市汉阳区人民政府（以下简称汉阳区人民政府）强制拆迁违法案*

基本案情：邹某系武汉市汉阳区汉江村（以下简称汉江村）村民，邹某的房屋坐落于汉江村郭茨口241号。汉江村于2011年启动"城中村"改造工作，涉案房屋属于城中村改造范围。2015年11月15日，邹某的母亲王某（乙方）就涉案房屋拆迁补偿与武汉仁发房屋征收服务有限公司（以下简称仁发公司，甲方）签订《集体土地房屋拆迁还建安置补偿协议书》（以下简称《协议书》），并在《汉江村还建房选房单》《房屋腾空单》上签名。双方在《协议书》中明确"乙方同意在本协议签订之日搬家腾房（交钥匙），将原房屋以及有关资料一并交甲方，房屋产权归甲方所有"。《房屋腾空单》载明："交房时间：同意拆除。"随后，仁发公司受汉江村村委会委托拆除了涉案房屋。原告邹某认为被告在未与其签订拆迁补偿安置协议的情况下，强行拆除房屋660平方米，造成屋内物品损失，其

---

* （2018）最高法行申4680号。

行为违反了有关法律规定，侵犯了原告合法权益。其强拆行为违法，遂诉至法院。

裁判摘要：双方在《协议书》中明确“乙方同意在本协议签订之日搬家腾房（交钥匙），将原房屋以及有关资料一并交甲方，房屋产权归甲方所有”。同时王某已在《房屋腾空单》上签名，同意仁发公司拆除房屋。因此，自2015年11月15日合同生效起，再审申请人起诉要求确认再审被申请人强制拆除其房屋违法，缺乏诉的利益。至于再审申请人提出的强制拆除行为损坏屋内财产应予赔偿的主张，因未提供确凿的证据加以证明，故本案中不予支持，再审申请人可在提供相关证据的基础上，另行主张权利。

2. 李某诉武汉市洪山区人民政府、洪山区城乡统筹发展局行政强制拆除案*

基本案情：李某的房屋位于湖北省武汉市“省艺校珞狮北路片区旧城改造”范围内。2014年4月10日，李某与洪山区房屋征收事务服务中心签订了《国有土地上房屋征收补偿安置协议书》。2014年8月13日，涉案房屋被强制拆除，李某不服该强拆行为，于2016年8月5日提起诉讼。

裁判摘要：本案再审审查阶段双方争议的核心问题为安置补偿协议签订后，房屋被征收人还是否有权就强拆行为提起诉讼。《国有土地上房屋征收与补偿条例》第十七条第一款规定：“作出房屋征收决定的市、县级人民政府对被征收人给予的补偿包括：（一）被征收房屋价值的补偿；（二）因征收房屋造成的搬迁、临时安置的补偿；（三）因征收房屋造成的停产停业损失的补偿。”第二十五条规定：“房屋征收部门与被征收人依照本条例的规定，就补偿方式、补偿金额和支付期限、用于产权调换房屋的地点和面积、搬迁费、临时安置费或者周转用房、停产停业损失、搬迁期限、过渡方式和过渡期限等事项，订立补偿协议。补偿协议订立后，一方当事人不履行补偿协议约定的义务的，另一方当事人可

---

* （2019）最高法行再72号。

以依法提起诉讼。"据此,征收补偿协议主要解决的是被征收房屋的价值补偿、被征收人的搬迁损失以及因搬迁引起的停产停业损失问题。征收补偿协议签订后,可以据此认定被征收人就房屋的征收以及上述相关事项的补偿与征收人达成了一致。但是,根据该条例的上述规定以及第二十七条第三款①和第二十八条第一款②的规定,征收补偿协议约定的内容,显然不包括因违法强制拆除可能给被拆迁人造成的不应有的包括屋内动产在内的其他人身、财产损失。对此,根据《行政诉讼法》第十二条第一款第二项③以及《国家赔偿法》第四条④之规定,被征收人可在强制拆除行为被确认违法的情况下,取得相应的赔偿。因该利益独立于合法征收行为产生的补偿利益,故被征收人即使签订了征收补偿协议,也依然与可能存在的违法强制拆除行为存在法律上的利害关系,可以作为适格原告就此提起行政诉讼。原审法院以不具有利害关系为由,裁定驳回起诉,适用法律错误。

综上,李某的再审申请符合《行政诉讼法》第九十一条规定的情形。依照《行诉解释》第一百二十三条第三项之规定,裁定如下:一、撤销湖北省高级人民法院作出的(2017)鄂行终407号行政裁定;二、撤销武汉市中级人民法院作出的(2016)鄂01行初545号行政裁定;三、指令湖北省武汉市中级人民法院对本案进行审理。

---

① 《国有土地上房屋征收与补偿条例》第二十七条第三款　任何单位和个人不得采取暴力、威胁或者违反规定中断供水、供热、供气、供电和道路通行等非法方式迫使被征收人搬迁。禁止建设单位参与搬迁活动。

② 《国有土地上房屋征收与补偿条例》第二十八条第一款　被征收人在法定期限内不申请行政复议或者不提起行政诉讼,在补偿决定规定的期限内又不搬迁的,由作出房屋征收决定的市、县级人民政府依法申请人民法院强制执行。

③ 《行政诉讼法》第十二条第一款第二项　人民法院受理公民、法人或者其他组织提起的下列诉讼:(二)对限制人身自由或者对财产的查封、扣押、冻结等行政强制措施和行政强制执行不服的;

④ 《国家赔偿法》第四条　行政机关及其工作人员在行使行政职权时有下列侵犯财产权情形之一的,受害人有取得赔偿的权利:……(二)违法对财产采取查封、扣押、冻结等行政强制措施的;(三)违法征收、征用财产的;(四)造成财产损害的其他违法行为。

31 被征收人个人能否对征收部门与村委会签订的征收补偿协议提起诉讼

【问题的由来】

《土地管理法实施条例》第二十六条第一款、第二款规定："土地补偿费归农村集体经济组织所有；地上附着物及青苗补偿费归地上附着物及青苗的所有者所有……需要安置的人员由农村集体经济组织安置的，安置补助费支付给农村集体经济组织，由农村集体经济组织管理和使用；由其他单位安置的，安置补助费支付给安置单位；不需要统一安置的，安置补助费发放给被安置人员个人或者征得被安置人员同意后用于支付被安置人员的保险费用。"实践中，对于集体经济组织或村委会与征收部门就安置补偿问题签订的协议，是否会影响到村民个人作为土地使用权人的利益，认识不同，从而对于土地使用权人是否可以就前者签订的协议提起诉讼，存有异议。

【不同观点】

一种观点认为，安置补偿协议，应当分别与土地的所有权人以及房屋、青苗的所有权人签订。在上述主体已经就相应补偿安置问题签订补偿安置协议并实际履行的情况下，其他土地实际使用人对补偿安置协议产生异议的，宜通过提起撤销之诉的方式通过民事途径解决。

另一种观点认为，村集体代表村民与政府签订的安置补偿协议，并没有直接影响村民个人的权利义务。村民个人如果对安置补偿标准或者行为不服，可以单独就安置补偿问题提起行政诉讼，而不宜直接针对村集体签订的协议提起诉讼。

【裁判思路与裁判规则】

根据《土地管理法实施条例》第二十六条的规定，在安置补偿的各项费用中，土地补偿费以及安置人员由村集体经济组织安置前提下的安置补助费，应当由土地征收部门直接支付给农村集体经济组织。而根据《村民委员会组织法》的规定，村民委员会是村民进行自我管理、自我教育、自我服务的基层群众性自治组织，其职责之一是依照法律规定，管理本村属于村农民集体所有的土地和其他财产。因此，村民委员会可以作为集体土地所有权人和公共财产管理人的代表，与土地征收部门就集体土地的所有权补偿以及安置费用事宜签订协议。值得一提的是，由于土地补偿费和安置补助费存在二次分配问题，因此，村民委员会签订的协议最终会对土地使用权人和被安置人的利益产生实际影响。但是，《物权法》第五十九条规定："农民集体所有的不动产和动产，属于本集体成员集体所有。下列事项应当依照法定程序经本集体成员决定：……（三）土地补偿费等费用的使用、分配办法；……"《村民委员会组织法》第二十四条第一款规定："涉及村民利益的下列事项，经村民会议讨论决定方可办理：……（七）征地补偿费的使用、分配方案；……"根据上述规定，土地补偿费和安置补助费的分配方式以及数额的确定，属于村民通过村民会议行使自治权的范畴，它虽然会影响村民个人利益，但却不是直接针对村民个人。相应地，村民个人也无权以此为由对村委会与征收部门就土地补偿问题签订协议的行为提起行政诉讼。除此之外，根据《土地管理法实施条例》第二十六条的规定，地上附着物、青苗补偿费以及不需要统一安置情形下的安置补助费归地上附着物及青苗的所有者以及被安置人员所有。作为上述物权的所有者，地上附着物及青苗的所有者以及被安置人员有权与征收部门就上述内容的安置补偿问题直接协商，并在此基础上签订有关协议。

在上述协议的签订过程中，如果村委会没有经过村民会议讨论等法定自治程序，直接就土地补偿费等安置补偿事宜与征收部门签订协议，或者代替地上附着物、青苗的所有人以及不需要统一安置的被安置人员直接与征收部门签订涉及后者补偿权益的协议，此时，被征收人应当如何救济，需要分情况讨论：

对于第一种情形，即村委会没有经过村民会议讨论等法定自治程序直接就土地等安置补偿事宜与征收部门签订协议。由于该种情形属于村民委员会在自治过程中违法侵害自治组织成员权益的行为，因此，可以通过《物权法》第六十三条第二款①的规定，由集体经济组织成员通过行使集体经济组织成员撤销权的方式进行救济。《村民委员会组织法》第三十六条第一款规定："村民委员会或者村民委员会成员作出的决定侵害村民合法权益的，受侵害的村民可以申请人民法院予以撤销，责任人依法承担法律责任。"除此之外，《村民委员会组织法》在该条第二款、第三款还赋予了集体经济组织成员通过行政途径寻求救济的方式，即"村民委员会不依照法律、法规的规定履行法定义务的，由乡、民族乡、镇的人民政府责令改正。乡、民族乡、镇的人民政府干预依法属于村民自治范围事项的，由上一级人民政府责令改正"。根据上述规定，村民委员会成员对村民委员会作出的包括未按照法定自治程序议决事项等侵犯村民合法权益的行为有两条救济途径：一是向人民法院提起诉讼；二是申请由乡、镇人民政府责令改正。当村民选择通过行政程序获得救济时，有管辖权的乡、镇人民政府即有履行法定监督职责，责令改正的义务，否则构成不履行法定职责，从而属于《行政诉讼法》第十二条第一款第六项规定的受案范围。

对于第二种情形，即村民委员会代替地上附着物、青苗的所有人以及被安置人员，直接与征收部门签订涉及后者补偿权益的协议。该问题涉及无权代理和无权处分合同的效力问题。对于无权代理，《民法总则》第一百七十一条规定："行为人没有代理权、超越代理权或者代理权终止后，仍然实施代理行为，未经被代理人追认的，对被代理人不发生效力。相对人可以催告被代理人自收到通知之日起一个月内予以追认。被代理人未作表示的，视为拒绝追认。行为人实施的行为被追认前，善意相对人有撤销的权利。撤销应当以通知的方式作出。行为人实施的行为未被追认的，善意相对人有权请求行为人履行债务或者就其受到的损害请求行为人赔偿，但是赔偿的范围不得超过被代理人追认时相

① 《物权法》第六十三条第二款　集体经济组织、村民委员会或者其负责人作出的决定侵害集体成员合法权益的，受侵害的集体成员可以请求人民法院予以撤销。

对人所能获得的利益。相对人知道或者应当知道行为人无权代理的，相对人和行为人按照各自的过错承担责任。”而对于无权处分合同，《物权法》第一百零六条第一款、第二款规定：“无处分权人将不动产或者动产转让给受让人的，所有权人有权追回；除法律另有规定外，符合下列情形的，受让人取得该不动产或者动产的所有权：（一）受让人受让该不动产或者动产时是善意的；（二）以合理的价格转让；（三）转让的不动产或者动产依照法律规定应当登记的已经登记，不需要登记的已经交付给受让人。受让人依照前款规定取得不动产或者动产的所有权的，原所有权人有权向无处分权人请求赔偿损失。”虽然上述两部法律从不同角度对无权处分行为进行了规定，但基本精神是一致的，即王利明教授所主张的无权处分“效力待定但不得对抗善意第三人”，具体来说：无权处分人签订的合同是否有效，取决于权利人的追认与否。但在权利人拒绝追认的情况下，即使无权处分人的合同无效，该无效也不得对抗善意第三人，权利人的拒绝追认不得排除善意取得制度的适用，不得对抗善意相对人。显然，无权处分未必导致合同无效，它需要一个诉讼程序来加以确认。因此，在村委会代替被征收人签订有关协议从而可能影响被征收人合法权益的情况下，被征收人可以根据村委会是以自身名义处分其权利还是以被征收人名义处分其权利，而分别依据无权处分和无权代理的相关规定，就该征收补偿协议向人民法院单独提起确认无效之诉，或是在征收人要求被征收人履行合同义务的情况下，通过提起反诉的方式救济自身权利。

【相关案例】

毛某诉吉林省长春市二道区人民政府（以下简称二道区政府）不履行行政职责案*

基本案情：毛某户籍登记为农业户口。1968 年学校毕业后，毛某回宏伟村工作。1979 年 3 月，毛某离开宏伟村，自行开办个体作坊。1983 年全国实行联

---

* （2016）最高法行申 42 号。

产承包责任制后，宏伟村没有实行包产到户，采取以生产小队为单位参照企业的模式进行生产管理，由村委会统一经营、核算和分配。为遏制社员随意离开，影响正常生产经营活动，宏伟村委会陆续制定了一些劳动纪律方面的规定，这些文件中均明确规定"凡私自离开宏伟村三个月的，开除其社员身份，不再视为社员，不再享受任何社员待遇。"根据宏伟村委会上述规定，毛某离开宏伟村从事个体经营后，不再被视为宏伟村的社员，不享受任何社员待遇。1986 年、1992 年伊通河改造征用宏伟村部分集体土地，毛某未分得土地补偿款。2011 年 1 月 20 日，毛某等上访人通过邮寄方式向二道区政府提出书面申请，请求其履行《地方各级人民代表大会和地方各级人民政府组织法》（以下简称《地方人大和政府组织法》）第五十九条规定的保护村民财产权和民主权利的法定义务。二道区政府在收到申请后，未予答复。毛某遂提起本案诉讼，请求确认二道区政府不履行法定职责的行为违法，判决二道区政府在一定期限内作出保护其合法财产权和民主权的行政行为。

裁判摘要：关于乡、镇人民政府不履行监督义务行为的可诉性。1998 年实施的《村民委员会组织法》第三十六条规定："村民委员会或者村民委员会成员作出的决定侵害村民合法权益的，受侵害的村民可以申请人民法院予以撤销，责任人依法承担法律责任。村民委员会不依照法律、法规的规定履行法定义务的，由乡、民族乡、镇的人民政府责令改正。乡、民族乡、镇的人民政府干预依法属于村民自治范围事项的，由上一级人民政府责令改正。"根据上述条文规定，村民委员会成员对村民委员会作出的侵犯村民合法权益的行为有两条救济途径：一是向人民法院提起诉讼；二是由乡、镇人民政府责令改正。这两条途径均是村民依法获得救济的法定渠道，村民可以选择通过诉讼途径解决其与村民委员会之间的侵权纠纷，也可以选择请求乡、镇人民政府行使行政监督权，依法责令村民委员会改正侵权的决定。当村民选择通过行政程序获得救济时，村民一旦向乡、镇人民政府提出行使监督权的申请，有管辖权的乡、镇人民政府即有履行法定监督职责的义务，不履行监督义务，构成不履行法定职责。根据《行政诉讼法》第十二条第一款第六项规定，公民、法人或者其他组织申请行政机关履行保护人身权、财产权等合法权益的法定职责，行政机关拒绝履行或者不予答复的,属于人民法院行政诉讼受案范围,当事人依法提起行政诉讼,人民法院应当立案受理。但是,对于当事人就信访事项提出的申请,相关政府部门不予答复的,不属于通常情况下行政机关不履行法定职责的行为,不适用上述规定。本案中,毛某认为宏伟村委会二十世纪八十年代取消其社员身份的行为侵犯其合法权益长期上访,二道区政府信访办、英俊乡政府于2004年就其信访事项已经作出答复。毛某不服,就该信访事项再次向二道区政府提出申请,二道区政府对其信访事项不予答复的行为,不同于普通的不履行监督职责义务的行为,不适用《村民委员会组织法》及《行政诉讼法》的相关规定,应当按照有关信访答复行为可诉性的规定予以处理。

四、法律适用

32 对被征收人住房的安置，应以房屋权属证书为准还是以户籍为准

【问题的由来】

根据我国相关法律规定，农村居民一户只能拥有一处宅基地。由于集体土地上的宅基地系以“户”为单位分配和使用，故在集体土地征地的安置补偿过程中，对被征地群众的安置也往往以“户”为单位进行。因为对“户”的理解不同，实践中对于补偿方式的合法性也存在不同认识。

【不同观点】

一种观点认为，以户为单位的“户”系指“户籍”，只要当事人户籍在一处，就应当作为一个安置单位，合并安置。这样符合我国农村宅基地的使用现状。另一种观点认为，以“户”为单位中的户通常系指“户籍”，但在户籍与房屋权属情况不一致的情况下，由于房屋安置的首要目的在于解决被征收人的实际居住问题，因此，应当优先考虑房屋的权属情况，即将“户”理解为“产权”。

【裁判思路与裁判规则】

我国幅员辽阔，各地经济发展水平、生活习惯以及人口数量存在较大差异，因此，原《土地管理法》及其实施条例对于除耕地以外其他地上附着物的具体补偿方式和标准，授权由各省、自治区、直辖市根据实际情况，因地制宜地加以制定。修改后的《土地管理法》同样规定征收农用地以外的其他土地、地上附着物和青苗等的补偿标准，由省、自治区、直辖市制定。但是，这并不意味着在补偿

标准的确定上,各地可以完全“自由”裁量。在授权的同时,国家也制定了一些原则性和政策性的规定,用以指导各地补偿标准的制定工作。例如,《土地管理法》第四十七条规定:“征收土地的,按照被征收土地的原用途给予补偿……依照本条第二款的规定支付土地补偿费和安置补助费,尚不能使需要安置的农民保持原有生活水平的,经省、自治区、直辖市人民政府批准,可以增加安置补助费……”《物权法》第四十二条第三款规定:“征收单位、个人的房屋及其他不动产,应当依法给予拆迁补偿,维护被征收人的合法权益;征收个人住宅的,还应当保障被征收人的居住条件。”《国务院关于深化改革严格土地管理的决定》(国发〔2004〕28 号)明确指出:“县级以上地方人民政府要采取切实措施,使被征地农民生活不因征地而降低。”从上述规定不难看出,“按照被征收土地的原用途给予补偿”是安置补偿工作的基本原则,“保障失地农民生活水平不下降”是安置补偿工作的基本目标。具体到住房安置,该项工作的目的在于补偿被征收人原集体土地上房屋被拆除的损失,针对的是原房屋的物权,体现的是一种财产性价值,其功能在于保障被征收人的居住条件不因征收而降低。通常情况下,由于我国农村宅基地的管理实行“一户一宅基”原则,因此,即使住房安置以“户籍”为单位进行中,一般也不会出现“户籍”与“产权”关系的对立。但在实践当中,各地“户籍”和“产权”管理体系及其相互关系的不顺畅,确实导致了一些符合分户条件且已经合法取得宅基地的村民尚未分户的情况出现。由于此种情况并非村民个人原因所致,为确保被征地农民合法权益的最大化,土地征收部门对被征收房屋的安置补偿在坚持以“户籍”为分配原则的前提下,应当兼顾被征收房屋的“产权”属性,体现出房屋的居住价值。修改后的《土地管理法》对此要求更为明确,规定:对农村村民住宅的征收,应当按照先补偿、后搬迁、居住条件有改善的原则,尊重农村村民意愿,采取重新安排宅基地建房、提供安置房或者货币补偿等方式给予公平、合理的补偿……从而与修订前的《土地管理法》将房屋作为地上附着物进行补偿,没有体现出其独立的物权属性存在明显差别。新修订的《土地管理法》正是以充分保障财产权为着眼点,提出把房屋安置作为一种单独安置的方式,不再作为地上附着物进行补偿,从而将农村村民住宅与土地补偿、安置补助以及其他地上附着物和青苗等的补偿并列,作为集体土地征收安置补偿的独立对象之一。这一改变,反映出了对农村村民住宅物权属性的认识,以及立法在安置补偿过程中对这种物权属性及其相应的安置补偿的特别关照。

此外,住房安置工作的目的在于保障被征收人的居住条件不因土地房屋征收而降低。而"保障失地农民生活水平不下降"的原则,不仅包括征收部门进行住房安置时,应当保障被征收人依法享有的居住面积,还应当包括确保被征收人的居住便利性不因征地行为受到不当损害。在我国农村,符合条件的成年子女分家独立居住,是一项传统习俗,这项制度对于充分利用生产生活资料、提高生产积极性、减少家庭矛盾等发挥着积极的作用,是事关农村居民生活便利性的一项重要制度。出于对该项传统的尊重,在宅基地系以户为单位使用的前提下,派生出了申请宅基地需要符合分户条件的规则。但如前所述,由于房屋权属证书颁发与户籍管理关系不协调等因素,权属证书和户籍信息确实存在不一致的情形,有的地方甚至因为管理方式的更替导致十分混乱。例如,成年子女虽未与父母分户,但符合分户条件,已经合法取得宅基地,并独立居住。此时,由于住房安置的首要目的在于解决被征收人的实际居住需求,确保其居住的面积和便利性等合法利益受到最大化的保护,应当兼顾房屋的实际权属情况进行分别安置,从而使安置行为符合《土地管理法》的立法精神,也更有利于被征收人合法权益的保护。

【需注意的问题】

此处所讲的以房屋产权为单位进行安置,要注意两个前提:一是该产权的获得是合法合规的,而不能借口以产权为单位进行安置,变相使违法取得的宅基地或者违法建设的房屋合法化,进而助长多批多占,导致遵纪守法的群众吃亏;二是由于在法律上以及实践中,我国对宅基地和农民房屋的补偿没有统一规定。因此,虽然理想地说,应该按照产权补偿,包括房屋价值和宅基地使用权的价值,而不是按照户籍补偿,但在法律尚未进一步明确规定之前,总体上还是应当尊重地方的规定和做法,同时对于个别以户为单位进行补偿明显不合理的情形,可依据本节所述理论加以调整。这样既解决了部分申请人的诉求,又不会引起太大的动荡。此外,除了“一户多宅”的情况,由于建设用地审批紧张等因素,我国农村还存在“多户一宅”的情况,对此,本书主张,对于符合分户条件,已经分户,从而符合取得申请宅基地资格的农户,如其仅仅因为宅基地供应紧张的问题,从而导致未能实际取得宅基地,在进行征地补偿安置时,也应当适当予以考虑。

【相关案例】

周某诉A市人民政府征地安置补偿行政裁决案*

基本案情:1998年9月11日,A市政府批复同意对周某所在社集体土地实行征收。同年11月12日,周某之父周某成去世。1999年12月12日,A市某区土地局发布了征地补偿安置方案公告。在补偿过程中,周某对A市政府的裁决不服,认为因其父在公告前死亡没有被列为房屋安置对象,安置截止时其与母亲虽各自拥有宅基地但尚未分户而给予合并安置的方案不当,遂提起复议,后提起诉讼。

裁判摘要:《中华人民共和国土地管理法》第四十七条规定:“征收土地的,按照被征收土地的原用途给予补偿。……依照本条第二款的规定支付土地补偿费和安置补助费,尚不能使需要安置的农民保持原有生活水平的,经省、自治区、直辖市人民政府批准,可以增加安置补助费。”《中华人民共和国物权法》第四十二条第三款规定:“征收单位、个人的房屋及其他不动产,应当依法给予拆迁补偿,维护被征收人的合法权益;征收个人住宅的,还应当保障被征收人的居住条件。”《国务院关于深化改革严格土地管理的决定》(国发[2004]28号)也明确指出:“县级以上地方人民政府要采取切实措施,使被征地农民生活不因征地而降低。”由上述规定不难看出,“按照被征收土地的原用途给予补偿”是安置补偿工作的基本原则,“保障失地农民生活水平不下降”是安置补偿工作的基本目标。具体到住房安置,该项工作的目的在于补偿被征收人原集体土地上房屋

* (2016)最高法行再××号。

被拆除的损失,针对的是原房屋的物权,体现的是一种财产性价值,其功能在于保障被征收人的居住条件不因征收而降低。因此,虽然我国农村集体土地上房屋的管理长期以户籍为单位,但在户籍与产权发生冲突的情况下,仍应当兼顾房屋的产权属性,体现出房屋的居住价值。本案中,周某于 1995 年取得了独立的集体土地建设用地使用证和乡村房屋所有权证,合法取得了相应的集体土地及其地上房屋的物权。在此情况下,虽然征地公告发布之日,周某尚未与其母亲侯某分户,但房屋征收部门仍应当尊重周某基于独立物权所享有的排他性利益,对其进行分别安置。

33 对于已经纳入城市规划区的集体土地上的房屋，应当按照集体土地还是国有土地标准进行补偿

【问题的由来】

《最高人民法院关于审理涉及农村集体土地行政案件若干问题的规定》第十二条第二款规定："征收农村集体土地时未就被征收土地上的房屋及其他不动产进行安置补偿，补偿安置时房屋所在地已纳入城市规划区，土地权利人请求参照执行国有土地上房屋征收补偿标准的，人民法院一般应予支持，但应当扣除已经取得的土地补偿费。"由于对该规定的理解不统一，实践中，对于集体土地先征后用情况下，地上房屋的补偿标准问题一直存有争议。

【不同观点】

一种观点认为，集体土地虽然已经被征收，但由于《土地管理法》等相关法律法规对集体土地征收补偿的问题有明确规定，故仍应当按照集体土地标准予以补偿。

另一种观点认为，在集体土地先征后用，尤其是在二者时间间隔较远的情况下，房屋所在地区已被纳入城市规划区的，往往是该地区已经城市化，土地性质事实上已变为城镇国有土地。在此情况下，为保障被征收人的安置利益，应当按照国有土地上的房屋标准予以补偿。

还有一种观点认为，《最高人民法院关于审理涉及农村集体土地行政案件若干问题的规定》第十二条第二款规定适用的前提，不仅仅是相关土地的征收决定已经作出，还必须附加一条，即征收部门已经支付了土地补偿金。否则，土

地性质并未发生改变,按照国有土地上房屋标准进行补偿缺乏法律依据。

【裁判思路与裁判规则】

对于农村集体土地被征用后地上房屋的补偿问题,《最高人民法院行政审判庭关于农村集体土地征用后地上房屋拆迁补偿有关问题的答复》指出:“行政机关征用农村集体土地之后,被征用土地上的原农村居民对房屋仍享有所有权,房屋所在地已被纳入城市规划区的,应当参照《城市房屋拆迁管理条例》及有关规定,对房屋所有权人予以补偿安置。”在该批复针对的请示案件中,涉案土地被征收的时间是1994年,而安置补偿时间为2003年。其间,涉案房屋所在的土地已经纳入城市规划区。为保障被征收人的合法权益,该批复确立了此类情况参照城市房屋予以补偿的原则。此后,该批复虽然失效,但其所确立的集体土地征收后,地上房屋没有及时补偿情况下的补偿原则,被《最高人民法院关于审理涉及农村集体土地行政案件若干问题的规定》所吸收,该规定第十二条第二款进行了更加明确的规定:“征收农村集体土地时未就被征收土地上的房屋及其他不动产进行安置补偿,补偿安置时房屋所在地已纳入城市规划区,土地权利人请求参照执行国有土地上房屋征收补偿标准的,人民法院一般应予支持,但应当扣除已经取得的土地补偿费。”该规定中,对集体土地上房屋适用城市房屋标准补偿的关键有三:一是“征收农村集体土地时未就被征收土地上的房屋及其他不动产进行安置补偿”。这里的“未就被征收土地上的房屋及其他不动产进行安置补偿”不能简单地从字面上理解为没有支付安置补偿款,或是进行住房安置。而应当理解为有关部门在征收集体土地的同时,没有制定并发布安置补偿方案,即土地征收工作与安置补偿工作未在同一征收程序中完成,从而使得本该在一个程序中“齐步走”的工作,形成了“两步走”的情况。当然,在没有安置补偿方案的情况下,一般而言也就不存在对被征收人的安置补偿。二是“补偿安置时房屋所在地已纳入城市规划区”。在土地已经被征收,而没有安置补偿的情况下,补偿安置时房屋所在地已纳入城市规划区,意味着被征收的土地已实际上经转变成为国有土地,为了充分保障被征收人的居住生活水平不降低,土地权利人请求参照执行国有土地上房屋征收补偿标准的,应予支持。三是“应当扣除已经取得的土地补偿费”。《土地管理法实施条例》第二十六条第一款规定:“土地补偿费归农村集体经济组织所有;地上附着物及青苗补偿费归地上附着物及青苗的所有者所有。”据此,集体土地征收过程中,土地补偿的归属和地上附着物补偿的归属并非同一主体。这就有可能导致虽然没有对作为地上附着物的房屋进行补偿,但征收部门已经向村集体支付土地补偿费的情况出现。而此时,如果对房屋所有权人按照国有土地上房屋的标准进行补偿,则由于国有土地房屋的价值本身包含土地的价值,就会出现同一土地两次补偿的情况。因此,该条还要求扣除已经取得的土地补偿费。这也是考虑到了集体土地与国有土地上房屋价值及相应的补偿方式的差异而作出的规定。至于征收部门是否已经实际支付了征地补偿款,本书认为并不是该条适用的必要条件。《物权法》第二十八条规定:“因人民法院、仲裁委员会的法律文书或者人民政府的征收决定等,导致物权设立、变更、转让或者消灭的,自法律文书或者人民政府的征收决定等生效时发生效力。”对此,本书在第 7 个问题中已经详细论述过,征地批复公告之时,土地的性质已经发生改变,只是在安置补偿之前,使用权还保留在原用地人手中。如果征收人没有在征收程序中一并安置补偿,那么,当其单独启动补偿程序时,土地性质的改变以及在用途上纳入城市规划区的事实,就意味着该地块具备了城市国有土地的功能和价值。而本条的规定弥补因这种改变而带来的按照原集体土地上附着物进行补偿产生的价差,从而实现保障被征收人的居住生活水平不降低的立法目的。这些考虑与是否实际支付土地补偿款并无必然联系。

【需注意的问题】

上文我们说到,适用本条的前提,是土地征收工作与安置补偿工作未在同一征收程序中完成,形成了“两步走”的情况。如果土地征收工作与安置补偿工作系在同一征收行为中完成,也就是说,征收部门在作出征收决定的同时,一并制定了相应的安置补偿方案并公布执行,只是因为各种因素导致安置补偿过程较长,时间间隔较大,安置补偿工作未能及时完成,则通常情况下即便安置补偿时涉案土地已经被纳入城市规划区,由于这一事实无法改变安置补偿所针对土地的集体土地性质，因此，只能综合考虑征收人在迟延补偿问题上是否存在过错、案涉土地的区块地价有无调整等因素，在已经公布的集体土地安置补偿方案所确定的补偿标准基础上，通过增加利息、调整基础地价等方式对被征收人的补偿进行适当调整，而不宜从根本上改变补偿标准，对案涉土地适用国有土地标准进行补偿。

此外，还应当注意的是，《最高人民法院关于审理涉及农村集体土地行政案件若干问题的规定》第十二条第二款在规定人民法院对土地权利人请求参照执行国有土地上房屋标准进行补偿的态度时，在“支持”前面使用的限定词是“一般”，而不是硬性的规定“应当”。这是因为，在实践当中，征收安置补偿工作面对的局面往往十分复杂。如果针对极个别人的安置补偿决定作出时，案涉地块绝大多数被征收人均已经接受并按照一定的标准签订、履行了安置补偿协议，此时，应当考虑的就不仅仅是房屋的价值问题，还应当考虑公平性和稳定性的问题。如果严格按照补偿决定作出时国有土地上房屋的价格，对极个别拒不签订安置补偿协议的被拆迁人进行补偿，会导致对已经签订安置补偿协议的被拆迁人明显不公，甚至引发新的矛盾，此时，就应当综合考虑本条规定的标准与其他相关因素的协调问题。

【相关案例】

衡某诉五河县人民政府（以下简称五河县政府）行政赔偿案*

基本案情：衡某系城关镇衡台社区居民，在该社区环城北路东段路北有自己的承包地。因五河县漴河及周边区域 CH06、CH07 地块旧城改建项目需要，2011 年 11 月 29 日，五河县政府作出《五河县人民政府房屋征收决定书》及《五河县人民政府房屋征收公告》，确定房屋征收部门为五河县住房和城乡建设局。同年 12 月 10 日，五河县住房和城乡建设局出台了《五河县 CH06、CH07 地块及周边区域国有土地上房屋征收与补偿方案》。衡某所承包地块中有 0.84 亩现

---

* (2018)最高法行赔申 207 号。

已经成为滦河绿化东岸景观的一部分,五河县政府征收上述土地的行为已经生效的行政判决确认违法。衡某起诉要求对涉案土地按照国有土地进行赔偿。

裁判摘要:本案中,案涉土地虽然划归城市规划范围内,但一直未被征收,其集体土地性质仍未改变,而土地征收时,征收部门已经同时对补偿问题作出处理。故再审申请人要求按照国有土地进行赔偿的诉讼请求没有事实和法律依据。原审法院的据此判决按照相关标准予以补偿,并无不当。

34 以农转非方式转变土地性质后，是否还需要履行征收程序

【问题的由来】

《土地管理法实施条例》第二条第五项规定，农村集体经济组织全部成员转为城镇居民的，原属于其成员集体所有的土地属于国家所有。由于该条对“农转非”后集体土地是随集体经济组织成员一并划转为国有土地，还是需要单独履行征地手续规定不明，故而在实践中造成一定程度的混乱。

【不同观点】

一种观点认为，《土地管理法实施条例》第二条第五项已经明确规定，农村集体经济组织全部成员“农转非”后，土地属于国家所有，故不需要再履行单独的征地手续。

另一种观点认为，国务院法制办公室、国土资源部2005年出台的《关于对〈中华人民共和国土地管理法实施条例〉第二条第（五）项的解释意见》已经明确，农村集体经济组织土地被依法征收后，其成员随土地征收已经全部转为城镇居民，该农村集体经济组织剩余的少量集体土地可以依法征收为国家所有。据此，“农转非”后，相应土地仍须履行征收手续。

【裁判思路与裁判规则】

《土地管理法》第四十三条规定：“任何单位和个人进行建设，需要使用土地的，必须依法申请使用国有土地；……前款所称依法申请使用的国有土地包括

国家所有的土地和国家征收的原属于农民集体所有的土地。”依据该条，建设使用集体土地必须经过法定征收程序。但是，《土地管理法实施条例》第二条规定：“下列土地属于全民所有即国家所有：……（五）农村集体经济组织全部成员转为城镇居民的，原属于其成员集体所有的土地；……”从文义上，该条似乎可理解为，农村集体经济组织全部成员转为城镇居民的，即在通常所说的“农转非”情况下，原属于集体经济组织的土地在性质上随之转化国家所有，而无须经过征地审批程序。这一上下位法律规定在文义上产生的歧义，导致一段时间内，我国各地在集体经济组织成员整体“农转非”后，对于相应的集体土地是否需要另行征收，认识不一，做法多样。为此，国务院法制办公室、国土资源部于2005年作出《关于对〈中华人民共和国土地管理法实施条例〉第二条第（五）项的解释意见》，对此加以明确：农村集体经济组织全部成员“农转非”后，集体土地仍须经法定征收程序方能转变为国有。但值得注意的是，对于该意见出台之前，一些没有经过征收而依据《土地管理法实施条例》第二条第五项的文字规定，直接使用集体土地的行为，也不宜简单认定为违法。理由在于：根据《行政诉讼法》第一条的规定，行政诉讼之于行政机关的作用，主要在于“监督行政机关依法行使职权”，防止其不谨慎地适用法律造成行政违法。因此，如果特定行政行为的“违法”，并非出于行政机关对法律的无知或是蔑视，而是因为法律规定本身的冲突或歧义，超出了行政机关对依法行政所应尽到的谨慎注意义务，则对此类行为的处罚将显得极不合理，从而与《行政诉讼法》的立法初衷不符。此外，由于此类行为系因立法技术问题所致，类似的以“农转非”代替征地程序的情况在国务院法制办公室、国土资源部的意见出台前并不少见。对于此类情况较为普遍，影响面较大，且年代相对久远的行政行为，在处理时应当历史地加以看待，并以维护现有社会生活秩序，保障被征收人的实体权益为主要考量，而不能加重社会生活的混乱程度。故，本书认为，处理此类问题时，应当以2005年原国土资源部《关于对〈中华人民共和国土地管理法实施条例〉第二条第（五）项的解释意见》的出台为界限。此前已因“农转非”占有使用集体土地的，只要给予相应的安置补偿，一般不宜仅以程序违法为由撤销该行为，或者确认其违法；而此后发生的类似行为，则应当严格按照《土地管理法》规定的征收程序进行审查。

【相关案例】

鲁某诉新郑市人民政府要求确认《新郑市人民政府国有土地上房屋征收决定》无效案*

基本案情：原告鲁某的房屋位于北关街秦拐南25号，原告对该房屋所在土地于1991年取得宅基地使用权。后根据原新郑县人民政府新政文〔1993〕74号《县政府关于城区无地少地村民小组农民集体"农转非"问题的通知》，其所在村组村民转为城市居民，相应土地转为国有土地。2013年10月16日，被告新郑市人民政府作出了《新郑市人民政府国有土地上房屋征收决定》，将包括原告房屋在内的"新建路街道办事处旧城区改造工程项目规划范围内的所有房屋、构筑物及其附属物"予以征收。原告不服，以该征收决定明显违反《土地管理法》相关规定，不符合集体土地征收程序为由，提起行政诉讼。

裁判摘要：本案争议的实质问题为涉案土地性质为集体土地还是国有土地。国务院法制办公室、国土资源部于2005年3月4日联合颁发了《关于对〈中华人民共和国土地管理法实施条例〉第二条第（五）项的解释意见》（国法函〔2005〕36号，以下简称意见），对该问题解释如下：该项规定，是指农村集体经济组织土地被依法征收后，其成员随土地征收已全部转为城镇居民，该农村集体经济组织剩余的少量集体土地可以依法征收为国家所有。由此明确：即使在"农转非"情况下，相应的集体土地仍须经过征收程序方能在性质上转化为国有土地。但需要注意的是，对于该意见出台之前，一些没有经过征收而依据《土地管理法实施条例》第二条第五项的规定直接使用集体土地的行为，不宜简单认定为违法。本案中，根据1993年12月3日新郑县人民政府作出新政文〔1993〕74号《县政府关于城区无地少地村民小组农民集体"农转非"问题的通知》，再审申请人所在的北关街属于集体农转非范围。由于该"农转非"问题发生在意

---

* （2017）最高法行申7098号。

见公布实施之前，再审被申请人新郑市人民政府，以及二审法院认为在原北关街村民已转为城市居民后，集体土地也相应转化为国有土地，具有一定的法律依据，符合当时特定的历史背景，处理结果并无不当。

35 对于集体土地征收过程中违法强拆造成的损失，应当通过补偿程序还是赔偿程序予以解决

【问题的由来】

由于现行国家赔偿制度奉行的是直接损失补偿原则，而征地行为本身既包含强制征收行为也包含相应的安置补偿行为，故与一般的违法行为不同，违法拆迁造成的相关损失既有可能在征地行为自身的补偿程序中解决，也可以依据《国家赔偿法》的规定通过赔偿诉讼程序予以解决。对于上述程序的选择，实践当中存在不同认识。

【不同观点】

一种观点认为，由于《国家赔偿法》确定的赔偿标准为“直接损失”，而该标准在土地征收过程中实际表现为征收补偿所确定的标准和数额，故而对于违法强拆造成的损失，应当通过补偿程序予以弥补，无须另行启动赔偿程序。

另一种观点认为，违法强拆的赔偿应体现出一定的惩戒性。对于市、县人民政府或者自然资源主管部门既无征收决定又无补偿决定，恶意违法强制搬迁，严重损害被征地人合法权益的，人民法院除应当依法判决赔偿被征地农民的合法财产损失和相应银行同期贷款利息以外，还可以根据《行政诉讼法》《民事诉讼法》《最高人民法院关于进一步推进案件繁简分流优化司法资源配置的若干意见》（法发〔2016〕21 号）等规定，结合具体情况，对无过错方提出的合理的律师费用等正当要求予以支持。由于上述费用显然已经超过了一般安置补偿的范围，只能通过赔偿程序予以实现。

【裁判思路与裁判规则】

本书认为，对于此类问题，人民法院在指引当事人救济方式的选择问题上，应当坚持“禁止重复获利”“最有效救济”“全面赔偿”三项基本原则。

所谓“禁止重复获利”，是指在违法强拆行为造成损失的范围与被征收人应当获得安置补偿范围存在重合的情况下，当事人虽然可以选择通过安置补偿方式，也可以选择赔偿诉讼方式救济自身权利。但是，如果当事人对已从征收部门处获得补偿部分重复提出赔偿请求，人民法院应以相关损失请求缺乏事实根据为由，对重复提出的部分判决驳回。

所谓“最有效救济”，是指当事人选择的救济途径，应当对于救济自身权利是最有效的。如果司法或者复议机关已经确认强拆行为违法，且在确认强制行为违法的同时，责令有关机关赔偿，或是违法行为给被征收人造成的损失明显大于其可获得的安置补偿，此时为避免程序叠加对当事人权利救济的不利影响，同时，为充分保障当事人因恶意违法强拆行为可能对其应得的安置补偿利益之外的评估费、诉讼费、误工费等因救济权利、防止侵害而必然产生的额外损失的弥补，一般应当引导当事人通过赔偿途径“一揽子”解决问题。而如果被征收人系对征收部门作出的补偿决定不服，提起诉讼，且相关主张得到法院支持，由于补偿的重新计算和具体数额协商议定在行政程序中更能够得到有效、直接地解决，因此，即使法院判决撤销补偿决定，一般也不宜通过赔偿诉讼的方式解决被征收人的补偿问题，而是应当回到补偿程序中，由行政机关根据法院的判决指示，重新作出补偿决定。

所谓“全面赔偿”，是指对于违法强拆造成被征收人损失的弥补，应当确保被征地农户得到的赔偿或者补偿，不低于其依照征收补偿安置方案和有关政策应当获得的安置补偿。尤其是在征收部门存在恶意违法的情形下，在相关的赔偿案件中，当事人的“直接损失”不仅包括其本应获得的安置补偿利益，也包括因征收人的过错导致补偿未能及时到位产生的利息，被征收人为保存证据进行鉴定或证据保全所支出的合理费用，因通过诉讼或复议途径维权产生的相关费用以及其他因违法行为必然导致的额外的人身和财产损失。

【相关案例】

卢某诉庐江县人民政府(以下简称庐江县政府)不履行法定职责案*

基本案情:卢某系庐江县龙桥镇缺口社区桃元村民组村民。2013 年 6 月 19 日,庐江县龙桥镇人民政府(以下简称龙桥镇政府)在未与卢某达成房屋拆迁安置补偿协议的情况下,强制将其所有的位于姚冲村内的房屋予以拆除。2013 年 10 月 21 日,安徽省人民政府作出皖政地〔2013〕574 号批复,批准征收庐江县龙桥镇梅林村、缺口社区集体建设用地 31.0191 公顷,其中缺口社区 15.1674公顷,卢某房屋所使用的集体土地属于被征收范围。2014 年 12 月 27 日,卢某因龙桥镇政府违法强拆行为向庐江县政府提起了行政复议,庐江县政府经复议作出庐行复决字〔2015〕1 号《行政复议决定书》,确认龙桥镇政府强制拆除卢某位于姚冲村民组 3 间房屋的行政行为违法,并决定由龙桥镇政府予以行政赔偿。后卢某因要求庐江县政府对其被龙桥镇政府拆除的房屋作出征收补偿决定未果,提起诉讼。

裁判摘要:本案中,再审申请人不服龙桥镇政府强制拆除其房屋的行为,曾向庐江县政府申请行政复议,请求确认强制拆除行为违法并给予行政赔偿。庐江县政府作出行政复议决定,确认强制拆除行为违法,并责令给予行政赔偿。在此情况下,再审申请人因同一事由再次要求庐江县政府予以行政补偿,就属于重复或者交互运用救济手段,原审法院对其诉请不予支持,并无不当。对受害人而言,行政行为合法与否的定性并非终极目标,最为重要的是由此造成的损害或者损失能否得到填补。就本案而言,再审申请人的房屋属于征收范围,本来可以在征收程序中得到相应补偿,只是因为在未达成房屋拆迁安置补偿协议的情况下被违法拆除房屋,因此才走向了行政赔偿之路。但在同一个征收项目中,如果因为行政机关违法强拆而使得当事人所获得的赔偿低于正常情况下

---

* (2017)最高法行申 370 号。

所能获得的补偿，显然是一件非常荒唐的事情。因此，尽管已经不能选择补偿程序，但在行政赔偿中，应当将受害人在正常征收补偿程序中依法和依据当地征收补偿政策所应得到的利益损失，视为《国家赔偿法》第三十六条第八项规定的国家赔偿中的“直接损失”。如果赔偿义务机关未按照此标准给予赔偿，再审申请人可以依照《行政复议法》第三十二条第二款关于“被申请人不履行或者无正当理由拖延履行行政复议决定的，行政复议机关或者有关上级行政机关应当责令其限期履行”的规定寻求救济，或者依法对赔偿义务机关不履行赔偿义务的行为另行提起诉讼。

综上，再审申请人卢某的再审申请理由不能成立，其再审申请不符合《行政诉讼法》第九十一条规定的情形。依照《行诉解释》第一百一十六条第二款之规定，裁定如下：驳回再审申请人卢某的再审申请。

36 对于《土地管理法实施条例》第二十五条第三款规定的“协调不成”应如何理解

【问题的由来】

《土地管理法实施条例》第二十五条第三款规定,对补偿标准有争议的,由县级以上地方人民政府协调;协调不成的,由批准征收土地的人民政府裁决。该规定中的“协调不成”,是指实体协调不成,还是在程序上只要申请相关部门协调而没有回应,就可以算作协调不成,对此,实践当中存在不同理解。

【不同观点】

一种观点认为,《土地管理法实施条例》第二十五条第三款明确规定“协调不成的”才能进入裁决程序,而作为裁决的前置程序,这里的“协调”显然必须经过实体处理才有意义。如果将程序上相关部门的不处理也作为“协调不成”的情形,则势必将该协调程序架空,不符合立法初衷。因此,在经申请,县级以上地方人民政府没有履行协调处理的法定职责的情况下,申请人应当首先就不受理行为依法提出救济,而不能径行进入裁决或复议程序。

另一种观点认为,由于协调本身不对当事人的权利义务产生影响,且根据有关规定,协调不成的,还可以申请裁决或复议,裁决或复议之后还可以提起诉讼,当事人有充分的救济手段保障自身合法权益。因此,没有必要将协调理解为必须进行实体处理。县级以上地方人民政府对当事人协调申请不予受理或答复,应属于该条规定的“协调不成”的情形,相关争议可以进入下一阶段的裁决或复议程序。

【裁判思路与裁判规则】

如前文所述,根据《土地管理法实施条例》第二十五条第三款的规定,被征收人对补偿标准或方案不服提起复议或诉讼的,协调是法定的必经程序。但是,这一必经程序与复议前置情形下,复议为诉讼的必经前置程序不可同日而语。后者,复议机关如果程序性驳回复议申请或不予受理,当事人只能就复议机关的不受理行为提起诉讼,而不能径行就实体争议诉诸法院。但《土地管理法实施条例》第二十五条第三款规定的协调前置程序并不意味着负责协调的行政机关必须经过实体处理。究其根本,协调本身只是为征收人与被征收人之间充分了解彼此诉求,并在此基础上及时化解矛盾提供了一个非对抗性的纠纷解决渠道。就协调的本质来说,它是双方自愿基础上的一种替代性纠纷解决机制,这意味着该程序本身没有对被征收人的权利义务强加不利影响。而且协调作为一种双方的协商程序,本身也应当充分尊重当事人双方是否接受以及是否愿意继续协调的意思表示。

此外,《国务院法制办公室关于依法做好征地补偿安置争议行政复议工作的通知》(国法〔2011〕35 号)规定:"被征地集体经济组织和农民对有关市、县人民政府批准的征地补偿、安置方案不服要求裁决的,应当依照行政复议法律、法规的规定向上一级地方人民政府提出申请。"在相关部门将裁决改为复议后,当事人有复议和诉讼两套权利救济机制,如果再将协调理解为一种实体上必经的处理程序,那就意味着当事人的权利救济可能要历经协调、复议和诉讼三个阶段,这不但使得被征收人的权利救济叠床架屋,不利于被征收人及时维护自身权益,而且也不利于相关部门快速高效地解决纠纷,推进土地征收工作的开展。据此,根据《土地管理法实施条例》的规定,协调本身是提起复议的必经程序,但是,这里的"必经"不是实体性的,只要被征收人向有关部门提出了协调申请,则不论申请人对有关部门在法定期限内作出的实体处理不满意,抑或有关部门没有作出处理,均可视为"协调不成"。

需要注意的是,《土地管理法实施条例》第二十五条第三款只规定了由县级以上地方人民政府协调,而没有明确一般情况下应当由哪一级政府具体组织协调工作。对此，本书认为，一方面，既然《土地管理法实施条例》第二十五条第三款设定“协调”程序的目的，在于让批准和组织实施征地补偿方案的人民政府有机会就被征收人异议中所反映的问题，有针对性地对征地补偿安置方案及其确定的标准作出调整。相应地，该条规定中的“县级以上地方人民政府”一般情况下也应当指的是批准和实施征地补偿安置方案的地方人民政府。另一方面，依据《国务院法制办公室关于依法做好征地补偿安置争议行政复议工作的通知》（国法〔2011〕35 号）的相关规定，很多地方已经将裁决改造为复议程序，作为安置补偿纠纷的解决机制。在这些地方，如果允许批准和实施征地补偿安置方案的人民政府的上级政府受理协调申请并就此作出处理，虽然看似并不违反《土地管理法实施条例》第二十五条第三款的规定，但很大概率会造成征地补偿、安置方案争议的协调机关与复议机关合一的局面。这既不符合行政复议的基本原则，也不利于被征收人权利的保护。因此，在以行政复议为征地补偿、安置方案纠纷解决机制的地方，《土地管理法实施条例》第二十五条第三款规定的“县级以上地方人民政府”通常情况下应当是指批准和组织实施征地安置补偿方案的地方人民政府。当然，由于法律规定本身具有模糊性，实践中，不排除作出土地征收安置补偿方案的自然资源主管部门的同级人民政府的上级或者更高级别的政府接受协调申请的情况。对此，由于法律上没有明确禁止，从有利于解决纠纷的角度出发，也不宜将该行为认定为违法行为。

37 被诉请履行职责的行政机关不具有法定职权，应当判决驳回诉讼请求还是裁定驳回起诉

【问题的由来】

土地征收过程中，当事人常常会向当地人民政府要求履行保护人身权、财产权的法定职责，或是要求负有安置补偿义务的政府部门的上级机关履行相关安置补偿职责。由于上述申请不在被申请机关的职责范围内，故被申请的行政机关通常不予答复，或者作出的答复不符合申请人的期望，从而引发争议。对于此类问题，当事人诉权的保护与行政机关正常工作秩序之间的平衡，诉的理由具备性与诉的适法性之间的争议，在一定程度上导致了相关案件适用判决驳回诉讼请求和裁定驳回起诉的混乱。

【不同观点】

一种观点认为，对于当事人提出的申请，行政机关是否具备法定职责，及其作出的行为是否适当，都是诉的理由具备性问题，应当经过案件的实体审查，方能得出结论。因此，即使经审查，原告的诉讼请求不成立，也应当适用判决驳回诉讼请求，而非裁定驳回起诉。

另一种观点认为，在当事人的请求不属于行政机关职责范围的情况下，当事人缺乏向行政机关提出申请的权利基础，行政机关不论对其请求置之不理亦或是明确拒绝，都不会对其权利义务产生影响。在此情况下，根据《执行解释》第一条第二款第十项的规定，此类诉讼不属于人民法院的受案范围，应当裁定驳回起诉。

【裁判思路与裁判规则】

在探讨本节问题之前,我们应当首先明确诉讼的三个阶段。众所周知,原告提起一个诉,如果这个诉可以进入法院的大门,并且最终能够得到法院支持,那么这个诉讼活动就成功了。因此,"进门"与"得到法院支持"是诉讼成功的两个必经阶段。而一个案件能否"进门",取决于两个问题:起诉行为本身是否合法以及经由该行为所提之诉是否合法。前者,也就是起诉行为本身是否合法,学理上称为"诉的适法提起",它解决的是当事人的起诉是否有效,是否能够使所提之诉系属于法院的问题。判断诉是否适法提起,或者说,起诉行为是否合法的标准,我们称为"起诉要件"。无论在大陆法系还是英美法系国家,起诉要件普遍关注的是当事人向法院起诉时所提交的诉状是否符合形式要求,以及是否对被告进行了适法送达。只要满足这些形式要件诉讼便正式成立,案件就系属于法院。如果不具备起诉条件且又无法补正,起诉将面临不予立案或者被驳回。对起诉要件的审查于诉讼开始之前,其功能在于确定当事人的起诉行为是否足以发动诉讼程序。后者,也就是起诉行为所提之诉是否合法,学理上称为诉的适法性,它是指案件满足由受诉法院作出实体裁判所需的法律要件的具备性。衡量诉的适法性的标准,或者说,判断一个案件能否由法院一直审理直至作出实质性判决的标准,被称为诉讼要件。目前,通说所定义的"诉讼要件",是指法院在立案后,对案件实体权利义务争议问题继续审理并作出实体判决的要件,①因此,也叫作"实体判决要件",欠缺诉讼要件便不能作出本案判决。与起诉要件不同,对诉讼要件的审查与案件的审理并行于诉讼系属之后,是法院进行本案审理并作出本案判决的前提条件,其功能在于确保诉讼程序的合法性。而"得到法院支持"这个问题在学理上被称为诉的理由具备性,它是指案件进入法院实体审理阶段后,法院对原告所提主张是否予以支持的一种实体上的判断。衡量诉的理由具备性的标准,称作本案要件,又称权利保护要件,它是当事人请求法院作出有利于己的本案判决所必需之要件,只要当事人一方

---

① 参见张卫平:《民事诉讼:关键词展开》,中国人民大学出版社 2005 年版,第 69 页。

具备此项要件，该当事人就具有要求法院作出有利于己的本案判决的权利。诉讼要件与本案要件的主要区别在于，诉讼要件从程序角度审查诉之合法性问题，而本案要件则从实体法的角度判断当事人的诉讼请求是否能够得到支持。

综合以上分析，诉讼的整个过程可以用下图表示为三个部分：

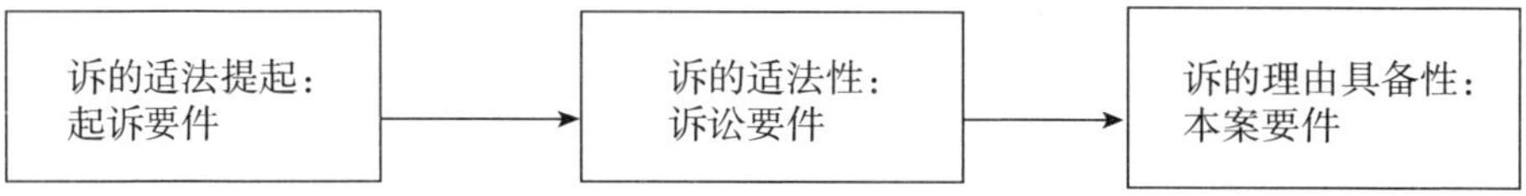

之所以在讨论裁判方式问题时引入上述概念，是因为裁定和判决的适用，牵涉与之相关的诉讼阶段，即立案审查和实体审理。在立案审查阶段，我们通常需要从诉的适法提起和诉的适法性角度而非诉的理由具备性角度加以审查，对应的处理方式是不予立案或者裁定驳回起诉。根据《行政诉讼法》第二十六条和第四十九条的规定，适格的被告应当具备以下三个适法性要素：

一是有明确的被告。诉讼必须在当事人之间进行，这是任何诉得以成立的基本前提。因此，原告的诉请必须针对特定的被告提出，即《行政诉讼法》第四十九条第二项规定的“明确的被告”。

二是被告属于行政机关。《行政诉讼法》第二条规定：“公民、法人或者其他组织认为行政机关和行政机关工作人员的行政行为侵犯其合法权益，有权依照本法向人民法院提起诉讼。前款所称行政行为，包括法律、法规、规章授权的组织作出的行政行为。”

三是被告具有诉讼实施权，或者说形式上被告适格。所谓诉讼实施权，是指当事人实施诉讼的权利，即以自己名义参与诉讼，并承受裁判结果的资格。所谓被告的被动适格，是指行政主体参加诉讼的一种实质适格性，它表示该机关具有能够对争议的标的进行处分的职权，或者说有处分原告诉求的能力，进而具有可以承受裁判结果的资格。在通常情况下，依据实体法负担义务者，也是在诉讼程序上之处分权人。[①] 如果被告在诉讼的整个阶段都是适格的，那么

① 参见陈清秀：《行政诉讼法》，法律出版社2016年版，第244页。

他就具有完全的诉讼实施权。而如果其仅是因为原告的起诉成为被告,却没有实体处分的权利,则会在起诉阶段或实体审查阶段以变更被告,或驳回原告起诉的方式,被剥夺被告资格并退出诉讼。

问题在于,有时这个问题似乎一目了然,如原告起诉要求计生委履行道路维修的义务。但有时该问题会变得非常复杂,甚至会成为整个案件的焦点和难点。例如,联合或多阶段作出的行政行为的被告问题,各种类型的开发区管委会的被告问题,等等。那么,被告的被动适格问题,究竟应当在哪个阶段审查?它究竟是一个诉的适法性问题还是理由具备性问题?本书认为,上述问题的回答,取决于被告资格审查的难易程度。综观世界各国的行政诉讼制度,一般都是以系争行政处分的作出机关或不作出所申请之行政处分的机关为被告。而在大多数情况下,行政机关作出或没有作出引发争议的特定行为是一个具有正常理性的人很容易从形式上加以判断的问题。因此,在起诉审查阶段,只要该机关形式上是作出或未作出特定行为的主体,则具备初始的被告资格,可以允许案件进入审查程序,从而将被告是否在实体上具有支持原告诉请的能力作为理由具备性问题进行实体审查。但是,在这一阶段,如果被告是否适格的问题非常明显,以至于任何有理性和一般常识的人都可以判断出被告不具有特定事项的处置权,如前面提到的要求计生委履行道路养护义务的诉讼,由于被告无论如何处分,都不会对原告所提请求涉及的权益造成损害,故而原告的诉请明显缺乏法律保护的必要。对此,可以在立案审查阶段裁定驳回。相反,如果被诉行政行为究竟由哪个机关作出或是作出的机关(组织)是否具有相应的行政处分权能并不清晰,难以作出判断,则应当将之纳入实体审查阶段予以解决,并根据实体判断的结果,依据《最高人民法院关于适用〈中华人民共和国行政诉讼法〉若干问题的解释》第三条第一款第三项的规定裁定驳回起诉或是作出实体判决。

不得不提及的是,作为解决行政争议另一条重要渠道的行政复议制度在这一问题上也存在相同困惑,即对于行政机关明确没有法定职责的履职申请,是直接作出不予受理决定还是必须立案并审查后作出驳回决定。在目前的法律法规规定下,答案似应当是后者。《行政复议法实施条例》第二十八条规定:“行政复议申请符合下列规定的,应当予以受理:(一)有明确的申请人和符合规定的被申请人;(二)申请人与具体行政行为有利害关系;(三)有具体的行政复议请求和理由;(四)在法定申请期限内提出;(五)属于行政复议法规定的行政复议范围;(六)属于收到行政复议申请的行政复议机构的职责范围;(七)其他行政复议机关尚未受理同一行政复议申请,人民法院尚未受理同一主体就同一事实提起的行政诉讼。"该规定没有将行政机关没有法定职责作为直接作出不予受理决定的一种情形。同时《行政复议法实施条例》第四十八条第一款规定:"有下列情形之一的,行政复议机关应当决定驳回行政复议申请:(一)申请人认为行政机关不履行法定职责申请行政复议,行政复议机关受理后发现该行政机关没有相应法定职责或者在受理前已经履行法定职责的;(二)受理行政复议申请后,发现该行政复议申请不符合行政复议法和本条例规定的受理条件的。"从而将行政机关没有法定职责纳入受理并需要审查后作出驳回决定的情形。这一制度设计导致行政复议机关在明确掌握各级行政机关职责依据的情形下,面对履职类复议申请,明知复议结论是什么,却不得不一遍遍走完下达行政复议决定的烦琐程序,造成了严重的程序空转和行政资源浪费问题。

面对这种问题,自然资源部修订颁布的部门规章《自然资源行政复议规定》在结合司法实践的基础上进行了突破性规定。其第十五条规定:"对投诉、举报、检举和反映问题等事项的处理不服申请行政复议的,属于下列情形之一的,自然资源主管部门已经将处理情况予以告知,且告知行为未对申请人的实体权利义务产生不利影响的,行政复议机关可以不予受理或者受理审查后驳回行政复议申请:(一)信访处理意见、复查意见、复核意见,或者未履行信访法定职责的行为;(二)履行内部层级监督职责作出的处理、答复,或者未履行该职责的行为;(三)对明显不具有事务、地域或者级别管辖权的投诉举报事项作出的处理、答复,或者未作处理、答复的行为;(四)未设定申请人权利义务的重复处理行为、说明性告知行为及过程性行为。"其中第(三)项就是将对明显没有法定职责的履职类申请提起的复议申请纳入了可以不予受理的情形。

【相关案例】

刘某诉山东省庆云县人民政府(以下简称庆云县政府)行政强制及行政赔偿案*

基本案情:刘某系渤海路街道办西石官堂村村民,2015 年 4 月其种植的葡萄园在未签订补偿协议的情况下被占用。刘某曾向原山东省国土资源厅、原庆云县国土资源局申请公开其所在村村西承包土地的征收批准文件、四至范围及具体位置、征地红线图等相关征收申请、批准及程序性文件等政府信息,均被告知政府信息不存在。2015 年 6 月 30 日,刘某通过 12336 国土资源违法举报热线反映涉案土地被占用,并被告知:"经查,拟在渤海路街道办事处西石官堂村西投资建设机器人生产项目,目前该项目正在进行基础性建设,我局对其行为予以及时制止,并下达了《责令停止违法行为通知书》,该案件正在按程序调查处理中。"2015 年 8 月 10 日,渤海路街道办出具《关于刘某葡萄园补偿问题的说明》,载明:"我街道办和西石官堂村委会及村民就刘某所述地块土地使用问题已经达成一致意见,大多数村民也已领取了地上物补偿款,与刘某的问题仅仅是在地上物补偿数额上存在分歧,尚未达成协议,特此说明。"刘某因要求确认庆云县政府行政强制行为违法及行政赔偿,于 2015 年 7 月 13 日向山东省德州市中级人民法院提起诉讼。

裁判摘要:在行政诉讼中,被告适格包括两个层面的含义:一是形式上适格,也就是《行政诉讼法》第四十九条第二项规定的"有明确的被告",以及第二十六条规定的关于适格被告的各款规定。形式上适格属于法定起诉条件的范畴,不符合这些规定的,应当裁定不予立案或者在立案后裁定驳回起诉。二是实质性适格,它是指被诉的行政机关作出了被诉的那个行政行为,并且该机关在此范围内能对案涉标的进行处分。实质性适格问题相对复杂,通常需要通过实体审理查明,如果通过实体审理确实不构成实质性适格,则以理由不具备为

---

* (2016)最高法行申 2907 号。

由判决驳回原告的诉讼请求。当然,也不排除在特别明显地不具备实质性适格的情况下,在进入实体审理之前即以起诉不符合法定条件为由裁定驳回起诉。本案中,再审申请人以庆云县政府为被告提起诉讼,要求确认庆云县政府行政强制行为违法并请求行政赔偿,由于“有明确的被告”,原告也提供了一些初步的事实证据,原审法院认定再审申请人提起本案诉讼符合法定条件并予以受理,不仅较好地保护了原告的诉权,也提供了通过言词审理进一步查清案件事实的机会。在经过开庭审理之后,原审法院认为再审申请人所提供的证据和证人证言并不能足以证明庆云县政府实质性适格,亦即并不能足以证明被诉行政强制行为系由庆云县政府实施。而且,通过证人证言,被告答辩、第三人陈述意见的相互印证,特别是通过再审申请人在庭审中的自认,能够认定被诉行政强制行为系庆云县政府组织、第三人渤海路街道办实施,在此情况下,再审申请人对庆云县政府的指控显然缺乏事实根据,原审法院判决驳回其诉讼请求符合法律规定。再审申请人提出的“主体问题应当是裁定方式结案”的主张依法不能成立。

38 土地承包经营权人将部分耕地的承包经营权转让给受让人，在征地补偿过程中，是由出让方还是受让方参与征地补偿分配

【问题的由来】

《土地管理法》第四十七条规定，征收土地的补偿费用包括土地补偿费、安置补助费以及地上附着物和青苗的补偿费。土地承包经营权人经发包方同意将家庭承包经营的耕地部分转让给本村村民并签订了转让契约（但未办理转让登记）。在此情况下，征地过程中，是原土地承包经营权人还是受让人参与征地补偿分配，土地补偿费、安置补助费以及地上附着物和青苗补偿费分别应该补偿给谁？这一问题实践中存在争议。

【不同观点】

一种观点认为，土地承包经营权转让后的受让方无权享有征地补偿款。主要理由是农村土地应归本集体成员集体所有，承包人无权转让其承包地。即使双方签订了转让契约，但受让方并未与发包方重新签订承包合同，其与发包方没有形成新的承包关系，不是土地承包经营权人。且涉及的土地承包经营权尚登记在转让方名下，故受让方不享有承包经营权人的地位，无权享有土地的征收补偿费用。

另一种观点认为，土地征收补偿包括对土地承包经营权的补偿，土地承包经营权人有权享有相应的土地补偿费。根据《物权法》的规定，家庭承包的土地承包经营权为用益物权，且该物权变动未采用登记生效主义，土地承包经营权自土地承包经营权合同生效时设立。2018 年修正的《农村土地承包法》第三十

四条规定:“经发包方同意,承包方可以将全部或者部分的土地承包经营权转让给本集体经济组织的其他农户,由该农户同发包方确立新的承包关系,原承包方与发包方在该土地上的承包关系即行终止。”土地承包经营权人经发包方同意将家庭承包经营的耕地部分转让给第三方并签订了转让契约后,作为用益物权人,受让方有权利参与征收补偿分配。

还有一种观点认为,征地补偿款的分配不能笼统而言,要根据其法律定义和农村集体经济组织经村民民主程序确定的分配规则来确定谁能参加征地补偿分配。尤其现在“三权分置”改革过程中,土地经营权已经入法,实践中更多发生的是土地经营权转让而非承包经营权转让。但毋庸置疑的是,受让方能够获得归其所有的地上附着物以及耕种的农作物的青苗补偿费。

【裁判思路与裁判规则】

本书原则同意第三种观点。该问题包含了几个比较复杂的问题:

一是土地承包经营权的转让问题。2003 年 3 月 1 日施行的《农村土地承包法》(已修正)第四十一条规定“承包方有稳定的非农职业或者有稳定的收入来源的,经发包方同意,可以将全部或者部分土地承包经营权转让给其他从事农业生产经营的农户,由该农户同发包方确立新的承包关系,原承包方与发包方在该土地上的承包关系即行终止。”2018 年修正后,该条内容保留并调整修改为第三十四条:“经发包方同意,承包方可以将全部或者部分的土地承包经营权转让给本集体经济组织的其他农户,由该农户同发包方确立新的承包关系,原承包方与发包方在该土地上的承包关系即行终止。”实际上,农村土地承包经营权转让意味着旧承包关系的终止和新承包关系的开始。

根据《物权法》第一百二十七条的规定,土地承包经营权自土地承包经营权合同生效时设立。也即土地承包经营权作为一项不动产物权,并未采用登记生效主义,因此是否登记,并不影响该物权的变动。土地承包经营权人经发包方同意与受让人签订转让契约后,可视为发包方对该转让行为以及与受让人确立新的承包关系的认可。《物权法》第一百二十九条规定,土地承包经营权人将土地承包经营权互换、转让,当事人要求登记的,应当向县级以上地方人民政府申请土地承包经营权变更登记;未经登记,不得对抗善意第三人。因此,土地承包经营权变动,登记并非生效要件,而仅为对抗要件。受让人由此合法取得了该项土地承包经营权,成为新的承包经营权人,且其身份为集体经济组织成员,如遇自己的承包土地被征收,有权根据经村民民主程序确定的征地补偿费用分配方案参与征地补偿分配。

二是涉及土地所有权和承包经营权“三权分置”的改革问题。所谓“三权分置”,是针对农村土地之前的两权,即土地所有权和承包经营权作出进一步延伸和分解,将承包经营权分置为承包权和经营权,承包权属于村民,经营权成为村民可以流转的权属。2015 年 11 月,中共中央办公厅、国务院办公厅印发的《深化农村改革综合性实施方案》正式提出,深化农村土地制度改革的基本方向是落实集体所有权,稳定农户承包权,放活土地经营权。2016 年 10 月,中办、国办联合下发了《关于完善农村土地所有权承包权经营权分置办法的意见》,“三权分置”改革进入具体落实阶段。2018 年 12 月 29 日全国人大常委会修改通过的《农村土地承包法》第三十六条专门规定:“承包方可以自主决定依法采取出租(转包)、入股或者其他方式向他人流转土地经营权,并向发包方备案。”至此,土地经营权正式入法。修改后的《农村土地承包法》施行后,实践中更多发生的是土地经营权转让而非承包经营权转让。

“三权分置”改革的核心问题是家庭承包的承包户在经营方式上发生转变,即由农户自己经营,转变为保留土地承包权,将承包地流转给他人经营,实现土地承包权和土地经营权的分离,农户保留土地承包权。这就改变了原先的一旦土地承包经营权转让,原土地承包关系终止,原土地承包经营权人即退出承包关系的局面,最大限度地保障了农村土地承包经营权权益的实现。同时,取得土地经营权的主体不必一定是集体经济组织成员,经营权权利属性究竟是物权、债权抑或第三种权利目前尚存争议,但从修改后的《农村土地承包法》的规定来看,更多的是以用益物权在规范和管理。修改后的《农村土地承包法》施行后,我们应认真区分土地承包经营权转让合同和土地经营权流转合同。如果是后者,因受限于经营权受让人的身份及其经营权权利本身的属性问题,经营权流转受让人一般情况下不能参与征地补偿分配,但地上附着物以及青苗补偿费则要根据实际情况考虑被补偿主体，地上附着物及青苗补偿费归地上附着物及青苗的所有者所有。对此，《最高人民法院关于审理涉及农村土地承包纠纷案件适用法律问题的解释》第二十二条第二款也规定：“承包方已将土地承包经营权以转包、出租等方式流转给第三人的，除当事人另有约定外，青苗补偿费归实际投入人所有，地上附着物补偿费归附着物所有人所有。”

三是涉及征地补偿分配问题。《土地管理法》第四十七条规定：“……征收耕地的补偿费包括土地补偿费、安置补助费以及地上附着物和青苗的补偿费……”《土地管理法实施条例》第二十六条规定：“土地补偿费归农村集体经济组织所有；地上附着物及青苗补偿费归地上附着物及青苗的所有者所有；……需要安置的人员由农村集体经济组织安置的，安置补助费支付给农村集体经济组织，由农村集体经济组织管理和使用；由其他单位安置的，安置补助费支付给安置单位；不需要统一安置的，安置补助费发放给被安置人员个人或者征得被安置人员同意后用于支付被安置人员的保险费用……”实践中，土地被征收后，除地上附着物及青苗补偿费归地上附着物及青苗的所有者所有外，土地补偿费、安置补助费都是支付给农村集体经济组织统一分配。由于土地资源的有限性，农村集体经济组织或村（组）通常将土地补偿费与安置补助费揉在一块，经村民民主程序决策确定被安置人口，形成分配方案，然后分配给村民，后再统一调整本集体农业承包地。农村集体土地所有权的性质，决定了农村集体土地征地补偿款是对全体集体经济组织成员的补偿，土地共有人应共同享有，土地征地补偿款的分配就应由全体集体经济组织成员共同参与分配。因此，能否享受土地补偿费以及安置补助费的补偿分配，关键因素不在于其是否为土地承包经营权人，而在于其是否属于集体经济组织成员，是否属于被安置人口以及经村民民主程序确定的征地补偿费用分配方案是如何规定的。

根据对以上三个问题的分析，涉及农村土地承包经营权流转问题的征地补偿分配问题，要具体情况具体分析。农村土地承包经营权转让或经营权流转后，受让方可以取得其所有的地上附着物以及青苗的补偿费。是否属于被安置人口，能否参与土地补偿费及安置补助费分配则要具体参考依法经村民民主程序确定的集体经济组织制定的征地补偿费用分配方案。

39 征地批复下达前,征收部门与被征收人签订的安置补偿协议是否有效

【问题的由来】

安置补偿是集体土地征收过程中一个非常重要的环节,它直接决定了土地所有权是否最终发生转移。实践当中,有些地方为了加快征收进程,减少征地阻力,常常采取先签订安置补偿协议,先用地,后批准的办法,有的地方甚至直接规定了类似修订后《土地管理法》所确定的"预征收"程序。例如,《山东省土地征收管理办法》第十二条规定:"农村集体经济组织、农民或者其他权利人对补偿标准和安置方式没有异议的,由市、县人民政府国土资源行政主管部门和财政部门与农村集体经济组织签订土地征收补偿安置协议。土地征收补偿安置协议主要包括土地的位置、数量、地类、补偿标准、安置方式、费用的拨付时间和方式、土地的交接时间和方式等内容。"第十三条规定:"对补偿标准有异议,达不成土地征收补偿安置协议的,由市、县人民政府进行协调;协调不成的,报省人民政府裁决。"第十四条规定:"土地征收补偿安置协议签订或者补偿标准裁决后,市、县人民政府国土资源行政主管部门应当按照国家和省有关规定,组织编制土地征收方案,连同有关材料,报有批准权的人民政府批准。"第十六条规定:"市、县人民政府财政部门会同国土资源行政主管部门应当自依法批准土地征收之日起3个月内,依据土地征收补偿安置协议和土地征收勘测调查清单,将土地征收补偿安置费、地上附着物和青苗补偿费按照规定程序足额支付给被征收土地农村集体经济组织、农民和其他权利人。"第十七条规定:"土地征收补偿安置费、地上附着物和青苗补偿费足额支付后,被征收土地农村集体经

济组织、农民和其他权利人应当在规定的期限内清理附着物，并移交土地。”由于《土地管理法》修订前未规定“预征收”程序，在此情况下，将安置补偿协议置于征收之前，势必会造成对补偿协议效力、金额等问题的争议，对于此类问题如何解决，实践当中存有争议。

【不同观点】

一种观点认为，根据修订前的《土地管理法》第四十五条、第四十六条等规定，征收集体土地须经国务院或省级以上人民政府的批准。而所谓“预征收”程序中签订的协议，由于没有法律法规授权，违反法律强制性规定，应属无效。

另一种观点认为，如果预征收协议签订后，征地行为得到有权机关的批准，则不宜仅仅因为程序问题否定协议的效力。但是，协议约定的价格如果低于批复下达时土地的低价，则应当补足差价部分。

还有一种观点认为，预征收协议签订后，在征地行为得到有权机关批准的情况下，不能否定协议的效力。同时，在批复下达后，安置补偿行为只是协议约定内容的履行行为，在该行为没有违反协议约定，或者协议本身没有就履行期限明确约定的情况下，因履行时间滞后产生的地价等差异，被征收人无权向征收部门主张。

【裁判思路与裁判规则】

征地批复下达前，征收部门与被征收人签订的安置补偿协议争议，通常涉及两个问题：一是在征地批复下达前，相关主体是否有权签订安置补偿协议，或者说，其签订的安置补偿协议是否有效；二是在协议签订后，至征地批复下达这段时间，如果地价波动，协议约定的安置补偿标准和数额是否有效。

对于第一个问题，修订前的《土地管理法》第四十六条规定：“国家征收土地的，依照法定程序批准后，由县级以上地方人民政府予以公告并组织实施。”《土地管理法实施条例》第二十五条规定：“征收土地方案经依法批准后，由被征收土地所在地的市、县人民政府组织实施……被征收土地的所有权人、使用权人应当在公告规定的期限内，持土地权属证书到公告指定的人民政府土地行政主管部门办理征地补偿登记。市、县人民政府土地行政主管部门根据经批准的征收土地方案,会同有关部门拟订征地补偿、安置方案,在被征收土地所在地的乡(镇)、村予以公告,听取被征收土地的农村集体经济组织和农民的意见。征地补偿、安置方案报市、县人民政府批准后,由市、县人民政府土地行政主管部门组织实施。对补偿标准有争议的,由县级以上地方人民政府协调;协调不成的,由批准征收土地的人民政府裁决。征地补偿、安置争议不影响征收土地方案的实施……”据此,市、县人民政府土地行政主管部门与被征收人签订安置补偿协议,应当是在征收土地方案经过省级以上人民政府批准,且安置补偿方案经过市、县人民政府批准之后。安置补偿协议的签订,实质上是落实和实施征收土地方案以及安置补偿方案的具体方式。在此之前,由于相关部门还没有获准征收土地,签订协议的标准和主体也尚未经过有权机关批准,此时,征收部门与被征收人签订安置补偿协议,是缺乏法律依据的。那么,我们是否可以依据《最高人民法院关于审理行政协议案件若干问题的规定》(以下简称《行政协议司法解释》)第十二条规定的“有下列情形之一的,人民法院应当确认行政协议无效:(一)被告无职权或者超越职权订立的”来认定安置补偿协议无效呢?本书认为,通常不宜认定协议无效,原因如下:

一方面,从安置补偿协议所具有的行政性角度看,不宜认定该协议无效。《行政协议司法解释》所指的导致行政协议无效的“无职权或者超越职权”的情形,应当与《行政诉讼法》第七十五条规定的行政行为无效的内涵作同一理解,即行政行为有实施主体不具有行政主体资格或者没有依据等重大且明显违法情形的,人民法院方可判决确认无效。而对于“重大且明显违法”标准中的“重大”,一般是指行政行为内在的“重大违法性”,即行政行为的违法瑕疵已经达到了连信赖保护原则都无法为其进行解释的境地。[1] “明显”则是指行政行为外在的“明显违法性”,即行政行为的违法瑕疵是显而易见的,依一般人的理性和经验就能很容易地判断出来。按照这一标准,市、县级人民政府及其土地管理部门,或者其委托的机构,总体上是具有实施征收土地和签订安置补偿协议职

① 参见杨海坤、章志远:《中国行政法基本理论研究》,北京大学出版社2004年版,第250页。

权的,或者说,从相对人的角度看,上述主体确实是签订此类协议的有权主体。因此,即使其在征地方案没有得到批准的前提下实施征地行为,进而签订安置补偿协议,也还没有达到超出信赖利益保护和形式上明显违法的程度,从而不属于行政诉讼法及行政协议司法解释所规定的"无职权或者超越职权"的情形。

此外,如果征地行为事后得到了批准;或者虽然没有得到批准,但因为涉及公共利益,撤销该行为将造成更大的损失,而被法院确认违法,保留效果;又或者该协议的签订得到了地方行政法规或者规章的授权。在上述情况下,安置补偿协议作为征收行为的一个组成部分,自然也不应当被确认无效。

另一方面,从安置补偿协议所具有的合同性角度看,也不宜轻易认定该协议无效。在我国,关于合同无效的民事法律规范主要是《合同法》第五十二条和《民法总则》第一百四十四条、第一百四十六条、第一百五十三条和第一百五十四条。其中,《合同法》第五十二条中规定:"有下列情形之一的,合同无效:(一)一方以欺诈、胁迫的手段订立合同,损害国家利益;(二)恶意串通,损害国家、集体或者第三人利益;(三)以合法形式掩盖非法目的;(四)损害社会公共利益;(五)违反法律、行政法规的强制性规定。"《民法总则》第一百四十四条规定"无民事行为能力人实施的民事法律行为无效"。第一百四十六条规定"行为人与相对人以虚假的意思表示实施的民事法律行为无效"。第一百五十三条规定"违反法律、行政法规的强制性规定的民事法律行为无效,但是该强制性规定不导致该民事法律行为无效的除外。违背公序良俗的民事法律行为无效"。第一百五十四条规定"行为人与相对人恶意串通,损害他人合法权益的民事法律行为无效"。在上述条款中,与本专题讨论的安置补偿协议效力问题相关的,主要是该协议的签订是否违反"违反法律、行政法规的强制性规定"问题。

对于何为"法律、行政法规的强制性规定",理论界和司法实务一般通过对效力性规范和管理性规范的区分加以认识,且通常认为在违反效力性规范的情况下,合同行为无效。最高人民法院在《关于当前形势下审理民商事合同纠纷案件若干问题的指导意见》(法发〔2009〕40 号)第 15 点、第 16 点指出,正确的理解、识别和适用"关系到民商事合同的效力维护以及市场交易的安全和稳定"。"人民法院应当综合法律法规的意旨,权衡相互冲突的权益,诸如权益的种类、交易安全以及其所规制的对象等,综合认定强制性规定的类型。如果强制性规范规制的是合同行为本身即只要该合同行为发生即绝对地损害国家利益或者社会公共利益的,人民法院应当认定合同无效。”具体到认定效力性规范,可以采取以下标准:“第一,法律法规明确规定违反禁止性规定将导致合同无效或不成立的,该规定属于效力性规范;第二,法律法规虽没有明确规定违反禁止性规定将导致合同无效或不成立的,但违反该规定后,如果使合同继续有效将损害国家利益和社会公共利益,也应当认为该规范属于效力性规范;第三,法律法规虽没有明确规定违反禁止性规定将导致合同无效或不成立的,违反该规定以后若使合同继续有效并不损害国家利益和社会公共利益,而只是损害当事人的利益,在此情况下该规范就不应属于效力性规范,而应当是管理性规范。”根据这些规定,由于《土地管理法》及其实施条例并没有明确禁止在未批准征收的情况下签订协议,而只是就包括签订安置补偿协议在内的征地程序作出了规定,加之确认征地行为或协议无效,通常情况下反而会导致国家和公共利益受到更大损害,因此,对于此类协议,即使从民事法律关系角度看,也不宜轻易否定其效力。此外,《最高人民法院关于审理买卖合同纠纷案件适用法律问题的解释》第三条规定:“当事人一方以出卖人在缔约时对标的物没有所有权或者处分权为由主张合同无效的,人民法院不予支持。”该条虽然是对买卖合同的规定,但不难看出,处分权并非合同成立或生效必要条件,不能仅仅因此而确认合同无效。

需要特别说明的是:首先,虽然不宜轻易否定协议的效力,但是由于“未批先征”的行为确实违反了修订前的《土地管理法》,因此,在有关部门签订协议时确实没有取得法律授权或者征地批复的情况下,对于其所实施的包括签订安置补偿协议在内的征收行为,人民法院可以依据《行政诉讼法》第七十四条规定,判决确认协议“违法”,但保留其效力。其次,如果至一审法庭辩论终结时,该协议所依托的征收行为仍未取得批准,或者征收行为直接被法院判决撤销、确认无效,此时,该协议事实上已经无法继续履行,合同目的无法实现,因此,根据《行政协议司法解释》第十七条“原告请求解除行政协议,人民法院认为符合法律规定或者约定的解除协议情形,且不损害国家利益、社会公共利益和他人合法权益的,可以判决解除该协议”,以及《合同法》第九十四条“有下列情形之一的,当事人可以解除合同:……(四)当事人一方迟延履行债务或者有其他违约行为致使不能实现合同目的……”和《最高人民法院关于审理买卖合同纠纷案件适用法律问题的解释》第三条第二款“出卖人因未取得所有权或者处分权致使标的物所有权不能转移,买受人要求出卖人承担违约责任或者要求解除合同并主张损害赔偿的,人民法院应予支持”的规定,当事人请求签订协议的政府一方承担违约责任,或者要求解除合同并承担损害赔偿责任的,人民法院可以支持。

需要说明的是,由于安置补偿协议所依托的征收行为未取得批准,不属于协议行为本身无效的情形,而安置补偿协议本身也不需要经过其他机关批准,因此,其不属于《行政协议司法解释》第十三条所规定的“法律、行政法规规定行政协议应当经过其他机关批准等程序后生效,在一审法庭辩论终结前未获得批准的,人民法院应当确定行政协议不发生效力”情形。

对于第二个问题,即协议签订后征地批复下达时,由于地价波动所导致的安置补偿标准和数额争议如何处理的问题。《最高人民法院关于适用〈中华人民共和国合同法〉若干问题的解释(二)》第二十六条规定:“合同成立以后客观情况发生了当事人在订立合同时无法预见的、非不可抗力造成的不属于商业风险的重大变化,继续履行合同对于一方当事人明显不公平或者不能实现合同目的,当事人请求人民法院变更或者解除合同的,人民法院应当根据公平原则,并结合案件的实际情况确定是否变更或者解除。”据此,被征收人以安置补偿协议约定的补偿数额“明显不公平”“不能实现合同目的”为由要求变更的,应当符合“合同成立以后客观情况发生了当事人在订立合同时无法预见的、非不可抗力造成的不属于商业风险的重大变化”的条件,这里的重点是“无法预见”和“不属于商业风险”。通常情况下,地价的涨落具有一定的可预见性,属于商业性风险范畴,因此,单纯以土地价格涨落为由主张变更合同的,人民法院不予支持。但是,由于征收土地方案和安置补偿方案在报批过程中,各级审批部门可能会对方案作出调整,而这显然超出了被征收人可预见的范畴,因此,如果安置补偿协议签订后,与征地方案一同批准的安置补偿标准高于安置补偿协议约定的标准，则被征收人可以“情势变更”为由主张变更协议约定的补偿条款。从行政行为角度看，根据《土地管理法》及其实施条例的相关规定，征收部门也负有依据安置补偿方案对被征收人进行安置的职责，相应地，也就负有补足差价的义务。

【相关案例】

蔡某诉鄄城县人民政府确认搬迁补偿安置协议无效案*

基本案情：2015 年 11 月 23 日，山东省住房和城乡建设厅、山东省发展和改革委员会、山东省财政厅、山东省国土资源厅作出鲁建住字〔2015〕25 号《关于公布 2016 年棚户区改造任务分解落实项目的通知》，其中濮水新村片区在列，而本案原告为该片区内孙庄行政村尹庄村村民。2016 年 5 月 1 日，鄄城县人民政府发布鄄征公告（2016）6 号拟征收土地公告，告知了拟征收土地的位置、范围、权属、用途，拟征收土地补偿标准及其他事项。2016 年 5 月 9 日，鄄城县国土资源局拟订《关于孙庄行政村（尹庄自然村）拟征收土地补偿安置方案》，并予以公示。2016 年 6 月 3 日，鄄城县棚户区改造工作领导小组办公室及原告签订搬迁补偿安置协议书，原告蔡某之妻肖凤霞在该协议书上被搬迁方处进行了签字。2016 年 8 月 2 日，山东省人民政府作出鲁政土字〔2016〕395 号建设用地批件，批复同意案涉土地。原告以政府一方在未取得征地批复的情况下签订的安置补偿协议无效为由，不服该协议，于 2016 年 7 月 6 日提起本案诉讼。

裁判摘要：本案被诉搬迁补偿安置协议是由鄄城县人民政府所组建的鄄城县棚户区工作领导小组办公室签订的行政协议。《山东省土地征收管理办法》第五条规定：“市、县人民政府负责本行政区域内的土地征收工作。”鄄城县人民政府作为县级政府具有组织实施征收涉案土地的主体资格，其在山东省人民政府作出征地批复之前签订被诉搬迁补偿安置协议符合《山东省土地征收管理办法》规定的征收程序。蔡某关于被诉搬迁补偿安置协议违反法律强制性规定的主张不予支持。

---

* （2017）鲁行终 246 号。

40 “一书四方案”等征地报批材料，哪级自然资源主管部门有公开的责任和义务

【问题的由来】

征地批准文件以及建设用地项目呈报说明书、农用地转用方案、补充耕地方案、征收土地方案、供应土地方案（以下简称“一书四方案”）是征地报批和审批过程中行政机关制作或者获取的主要政府信息。申请人向包括自然资源部、省级自然资源管理部门、地市级自然资源管理部门和县级自然资源管理部门在内的各级自然资源主管部门申请公开“一书四方案”等征地报批信息，究竟应该由哪级自然资源主管部门公开？上级自然资源主管部门能否以非制作或者首次获取机关为由不予公开？实践中存在争议。

【不同观点】

第一种观点认为，根据《政府信息公开条例》第十条的规定，“一书四方案”等征地报批材料由县级自然资源主管部门制作，或者由地市级自然资源主管部门首次获取，应由该两级自然资源主管部门承担公开责任和义务。

第二种观点认为，根据《建设用地审查报批管理办法》第八、九、十、十二、十三条的规定，省级人民政府批准征收的土地，由市、县人民政府及自然资源主管部门组织报批材料，经省级自然资源主管部门审查后报省级人民政府批准，报批材料是省级自然资源主管部门在建设用地报批过程中履行审查职责时的依据，也是证明建设用地批复符合法律规定的证据。省级自然资源主管部门作为批准和获取相关政府信息的机关，有公开职责。

第三种观点认为,2019 年《政府信息公开条例》修改的总原则是“以公开为原则,以不公开为例外”,其第十条是一般情况下关于政府信息公开主体的原则性规定,一旦申请人提起一项依申请公开,应当依据第三十六条以及结合第十三、十四、十五、十六条的规定进行处理,原则上是谁有谁公开,除非符合不予公开的情形和规定。因此,各级自然资源主管部门均有公开一书四方案等征地报批材料的职责。

【裁判思路与裁判规则】

本专题讨论的问题,是征地信息公开实践中存在争议非常大的一个问题,结合自然资源部行政复议案件审理标准和实际,本书原则同意第二、三种观点。

征地信息公开问题是自然资源管理领域案件最为集中、矛盾最为多发的领域之一,征地信息公开问题实际牵涉两个方面的问题:公开什么?谁来公开?

关于公开什么?2019 年 6 月 27 日,自然资源部办公厅印发了《关于印发农村集体土地征收基层政务公开标准指引的通知》(自然资办函〔2019〕1105 号,以下简称 1105 号通知),对此进行了全面系统的梳理,从征地管理政策、征地前期准备(包括拟征收土地告知、拟征收土地现状调查、拟征地听证)、征地审查报批(包括征地报批材料、征地批准文件)、征地组织实施(包括征收土地公告、征地补偿登记、征地补偿安置方案公告、征地补偿安置方案听证、征地补偿费用支付等)四个环节入手,梳理了将近四十项需要公开的具体内容。首次对于农村集体土地征收过程中产生政府信息的环节、流程、内容、方式进行了梳理和公布,也首次全面回答了征地信息公开什么的问题。一书四方案等征地报批材料则属于征地审查报批环节中产生的征地信息。当然,新修改的《土地管理法》施行后,尤其是正在紧锣密鼓修改制定的《土地管理法实施条例》通过和施行后,具体的征地报批和审批流程的变化将导致征地信息事项、征地信息内容乃至征地信息公开主体都发生较大变化,这是行政机关以及司法机关都应该积极关注的问题,同时也要研判社会稳定风险评估、听证材料这类信息的特殊性和公开后的影响,如不适宜主动公开或依申请公开,应提前做好相关制度设计。

“谁来公开”一直是一个争论不休的问题。1105 号通知针对的是如何充分发挥基层在实施农村集体土地征收中的主体作用，如何提升农村集体土地征收基层政务公开和服务水平的角度研究制定的，其明确规定的基层政务公开的主体和层级是县级和乡级。但申请人如果向自然资源部或者省级自然资源主管部门申请公开一书四方案等征地报批信息，其是否有公开职责？目前，修改后的《政府信息公开条例》施行后，各级各地自然资源主管部门做法不尽一致，有的认为谁有谁公开，除不符合《政府信息公开条例》规定的不予公开的情形，全部给予公开；有的认为依据新《政府信息公开条例》第十条的规定，行政机关公开的政府信息仅限于本部门制作的政府信息，不包括本机关保存的其他行政机关制作的政府信息。以非本机关"制作"或"最初获取"为由，依据《政府信息公开条例》第三十六条第五项告知申请人不属于本机关公开范围；有的认为组件单位是公开主体，对此类申请做区分处理，省部级只公开征地批复、省政府请示和省厅审查意见三项内容，其他均依据《政府信息公开条例》第十条告知不属于本机关公开；有的认为征地报批材料是行政执法案卷或者请示报告等过程性信息不予公开。

对此，自然资源部通过其复议案件的审理，确立了各级自然资源主管部门均有公开责任和义务的审理标准和公开标准。理由如下：一是从法律规定和审批设置上而言，征地审批过程中征地报批材料逐级上报，每一级自然资源主管部门对征地材料的审查均是实质性审查，例如，《建设用地审查报批管理办法》第十二条就规定，对依法应当由国务院批准的建设项目用地呈报说明书和有关方案，省、自治区、直辖市人民政府必须提出明确的审查意见，并对报送材料的真实性、合法性负责。各级自然资源主管部门均会对报批材料进行审查、修改使其符合法律规定，并对其真实性、合法性负责，只认定市、县级自然资源主管部门为制作机关或首次获取机关，与事实不符。二是从对《政府信息公开条例》第十条的理解上而言，在目前没有明确的立法和司法解释的情况下，第十条是关于主动公开的职责规定，不是在依申请公开处理中不予公开的法律依据，否则，《政府信息公开条例》"以公开为原则，以不公开为例外"的立法宗旨将被架空和形同虚设，对于一项政府信息公开申请，行政机关首先应当判断有没有，其次考察是否符合《政府信息公开条例》规定可以不予公开的情形，否则，就应当给予公开。因此,自然资源部确立的复议标准为:由国务院或者省级人民政府批准征收的土地,由市、县人民政府及其自然资源主管部门组织报批材料。农用地转用方案、补充耕地方案、征收土地方案、供地方案、建设项目用地呈报说明书等征地报批材料是经省级自然资源主管部门审查后报省政府或国务院批准的,“一书四方案”等征地报批材料是自然资源部或省级自然资源主管部门在建设用地报批过程中履行审查职责的依据,是证明用地批复符合法律规定的证据,也是省级政府或者国务院批复文件审查对象和重要组成部分,包括自然资源部及省级自然资源主管部门在内的各级自然资源主管部门均有公开职责。

以下是《关于印发农村集体土地征收基层政务公开标准指引的通知》及其附件。

自然资源部办公厅关于印发农村集体土地征收基层政务公开标准指引的通知

各省、自治区、直辖市自然资源主管部门,新疆生产建设兵团自然资源主管部门:

《农村集体土地征收基层政务公开标准指引》已经部审定,现予印发,请在农村集体土地征收领域基层政务公开工作中认真参照执行。

自然资源部办公厅

2019 年 6 月 27 日

农村集体土地征收基层政务公开标准指引

为贯彻落实党中央、国务院政务公开工作部署和新修订的《中华人民共和国政府信息公开条例》,充分发挥基层在实施农村集体土地征收中的主体作用,全面提升农村集体土地征收基层政务公开和政务服务水平，切实保障被征地农民的合法权益，制定农村集体土地征收基层政务公开标准指引如下。

一、总体要求

（一）指导思想。

以习近平新时代中国特色社会主义思想为指导，全面贯彻落实党的十九大和十九届二中、三中全会精神，坚持以人民为中心的发展思想，创新完善基层政务公开机制，全面梳理公开事项、明确公开内容、规范公开流程、完善公开方式，扎实推进农村集体土地征收基层政务公开工作。

（二）重要意义。

农村集体土地征收涉及被征地农民切身利益，关系到社会和谐稳定。做好农村集体土地征收基层政务公开工作，对于增强工作透明度，维护被征地农民的合法权益，从源头上防范和化解征地矛盾纠纷；对于规范土地征收行为，促进土地征收顺利实施，为各项建设提供合理用地保障；对于全面加强征地管理，建立适应中国特色社会主义的土地征收制度等都具有十分重要的意义。

（三）工作目标。

在现有征地信息公开工作基础上，按照标准化、规范化要求，进一步细化农村集体土地征收基层政务公开事项、内容、流程、时限、方式等，全面提高征地信息公开水平，促进政务公开建设。持续推进省级征地信息公开平台建设，实现征地信息全覆盖，保证被征地农民能够高效便捷获取征地信息，切实维护人民群众的知情权、参与权、表达权和监督权。

二、适用范围

本标准指引适用于实施农村集体土地征收的县（市、区）自然资源主管部门以及其他负责农村集体土地征收相关工作部门组织开展的农村集体土地征收政务公开工作。设区的市参照本标准指引执行。

三、公开目录及事项标准

本标准指引按照征地管理和报批流程划分公开事项，包括征地管理政策、征地前期准备、征地审查报批、征地组织实施4个一级公开事项，在一级公开事项下细分拟征收土地告知、拟征收土地现状调查、拟征地听证、征地报批材料、征地批准文件、征收土地公告、征地补偿登记、征地补偿安置方案公告、征地补偿安置方案听证、征地补偿费用支付等10个二级公开事项。每一事项明确了公开内容、公开主体、公开渠道和公开方式等的标准规范。

本标准指引除规定必须公开事项外,还设置了可选项,以"〔 * 〕"标注,各地可根据实际情况确定。

国家法律法规和规章对公开事项另有规定的,以及涉及国家秘密的用地,按有关规定执行。

四、管理规范

(一)公文属性源头管理。

各地拟制农村集体土地征收有关公文时,应当明确公文公开方式(主动公开、依申请公开、不公开),对于不公开的,应依法依规说明理由。

(二)主动公开。

征收前期准备、征地审查报批、征地组织实施等一级公开事项和10个二级公开事项政府信息生成后,应通过政府网站、征地信息公开平台、村公示栏等渠道,及时主动公开。属于依申请公开的,明确公开有关规定要求。信息公开平台应当具备信息检索、查阅、下载等功能。

(三)政策解读。

县(市、区)自然资源主管部门和负责农村集体土地征收的有关部门应在县(市、区)党委、政府的组织领导下,按照"谁起草、谁解读"的原则,切实做好本部门起草或者本部门牵头起草的政策文件解读及信息发布工作。

县(市、区)自然资源主管部门和负责农村集体土地征收的有关部门应将县(市、区)政府门户网站作为政策文件和解读信息公开的第一平台,并统筹运用政府网站、政务微博微信、新闻发布会等方式发布政策文件和解读信息,充分发挥广播电视、报刊杂志、新闻网站、新媒体的作用,扩大解读信息的受众面。

(四)回应关切。

县(市、区)自然资源主管部门和负责农村集体土地征收的有关部门应将网络政务舆情收集研判和回应工作列入本部门重要议事日程,建立健全网络政务舆情"收集、认领、研判、处置、回应"处理流程,做到及时发现、及时报告、及时处置、及时回应社会关切。应持续关注舆情处置后的发展态势，防范负面舆情出现反复，最大限度地避免或减少公众猜测，有效降低负面信息的不良影响。积极探索推进政务微博、微信、手机报与政府网站的联动和互补，发挥新媒体在传播政务信息、引导社会舆论、畅通民意渠道等方面的积极作用。

（五）公众参与。

县（市、区）自然资源主管部门和负责农村集体土地征收的有关部门要按照县（市、区）党委、政府的部署要求，创新公众参与形式，扩大政民互动交流。在制定政策时，可通过增加公众列席相关会议、政府开放日、政风行风热线、在线访谈等互动方式，与公众深入交流，倾听呼声，回答关心的问题，使公众更加了解农村集体土地征收的政策规定。

（六）省级征地信息公开平台建设。

县（市、区）自然资源主管部门和负责农村集体土地征收的有关部门要及时将农村集体土地征收信息录入到政府网站，并共享到省级征地信息公开平台。做好省级征地信息公开平台与全国征地信息共享平台的衔接，保持信息完整性、一致性。通过各级征地信息公开平台建设，促进农村集体土地征收政务公开工作更加高效。

（七）历史征地信息处理。

本标准指引自2019年8月1日起施行。施行之日起，县（市、区）新受理的土地征收申请及其审查报批、组织实施等有关征地信息按本标准指引予以公开。此前受理的土地征收申请形成的信息和历史形成的征地信息，可通过系统升级，转移到新的平台。有条件的地区，可按新的要求逐步补充完善历史征地信息。历史征地信息尚未公开的，按有关规定通过依申请公开等方式提供。

征地信息公开有关规定与本《通知》不一致的，以本《通知》为准。

附件：

农村集体土地征收基层政务公开标准目录

序号	公开事项		公开内容	公开依据	公开时限	公开主体	公开渠道	公开对象		公开方式		公开层级	
	一级事项	二级事项						全社会	特定群体	主动	依申请	县级	乡级
1	征地管理政策	—	征地补偿安置法律以及适用于本地区的政策、技术标准等规定要求。 1. 法律法规和规章； 2. 征地前期准备、征地审查报批、征地组织实施规范性文件； 3. 土地补偿费和安置补助费标准（征地区片综合地价或征地统一年产值标准）； 4. 地上附着物和青苗补偿费标准； 〔＊农村村民住宅拆迁补偿标准〕； 〔＊征地工作流程图〕。	《中华人民共和国政府信息公开条例》	自该信息形成或者变更之日起 20 个工作日内予以公开，法律法规另有规定的除外。	县（市、区）自然资源主管部门和负责农村集体土地征收的有关部门	■政府网站 ■征地信息公开平台 ■政务服务中心 □政府公报 □两微一端 □发布会/听证会 □广播电视 □纸质媒体 □公开查阅点 □便民服务站 □入户/现场 □社区/企事业单位/村公示栏（电子屏） □精准推送 □其他	√		√		√	

<table>
<tr><th rowspan="2">序号</th><th colspan="2">公开事项</th><th rowspan="2">公开内容</th><th rowspan="2">公开依据</th><th rowspan="2">公开时限</th><th rowspan="2">公开主体</th><th rowspan="2">公开渠道</th><th colspan="2">公开对象</th><th colspan="2">公开方式</th><th colspan="2">公开层级</th></tr>
<tr><th>一级事项</th><th>二级事项</th><th>全社会</th><th>特定群体</th><th>主动</th><th>依申请</th><th>县级</th><th>乡级</th></tr>
<tr><td rowspan="2">2</td><td rowspan="2">征地前期准备</td><td rowspan="2">拟征收土地告知</td><td rowspan="2">在拟征收土地前，应明确征收土地有关事项并予以公开。
1. 拟征收土地用途；
2. 拟征收土地的位置和范围；
3. 征地补偿标准及安置途径；
4. 开展土地现状调查的安排；
5. 拟征收土地的原用途管控（包括不得抢栽、抢种、抢建等有关规定）；
6. 听证权利；
〔＊对土地现状调查结果有异议的救济措施〕。</td><td rowspan="2">《国务院关于深化改革严格土地管理的决定》（国发〔2004〕28 号）</td><td>在实地启动拟征收土地工作时，在村公示栏公开。</td><td rowspan="2">县（市、区）自然资源主管部门以及负责实施农村集体土地征收的有关部门（含乡镇政府等）</td><td rowspan="2">■社区/企事业单位/村公示栏（电子屏）
▲政府网站
▲征地信息公开平台
□政府公报
□两微一端
□发布会/听证会
□广播电视
□纸质媒体
□公开查阅点
□政务服务中心
□便民服务站
□入户/现场
□精准推送
□其他</td><td></td><td>√面向拟征收土地所在地的村集体成员</td><td rowspan="2">√</td><td rowspan="2"></td><td rowspan="2">√</td><td rowspan="2">√</td></tr>
<tr><td>收到征地批准文件之日起 10 个工作日内，在政府网站、征地信息公开平台公开。</td><td>√</td><td></td></tr>
</table>

续表

序号	公开事项		公开内容	公开依据	公开时限	公开主体	公开渠道	公开对象		公开方式		公开层级	
	一级事项	二级事项						全社会	特定群体	主动	依申请	县级	乡级
3	征地前期准备	拟征收土地现状调查	拟征收土地现状调查结果按规定确认后，调查结果予以公开。 1. 征收土地勘测调查表； 2. 地上附着物和青苗调查登记表； 〔＊土地勘测定界图件（涉及国家秘密的项目除外；图件应按有关法律法规规定予以技术处理）〕。	1.《土地管理法》； 2.《国务院关于深化改革严格土地管理的决定》（国发〔2004〕28号）	拟征收土地现状调查结束后5个工作日内，在村公示栏公开。 收到征地批准文件之日起10个工作日内，在政府网站、征地信息公开平台公开。	县（市、区）自然资源主管部门和负责农村集体土地征收的有关部门	■社区/企事业单位/村公示栏（电子屏） ▲政府网站 ▲征地信息公开平台 □政府公报 □两微一端 □发布会/听证会 □广播电视 □纸质媒体 □公开查阅点 □政务服务中心 □便民服务站 □入户/现场 □精准推送 □其他	√（收到征地批准文件后公开）	√面向拟征收土地所在地的村集体成员（现状调查结果公开）	√		√	√

续表

<table>
<tr><th rowspan="2">序号</th><th colspan="2">公开事项</th><th rowspan="2">公开内容</th><th rowspan="2">公开依据</th><th rowspan="2">公开时限</th><th rowspan="2">公开主体</th><th rowspan="2">公开渠道</th><th colspan="2">公开对象</th><th colspan="2">公开方式</th><th colspan="2">公开层级</th></tr>
<tr><th>一级事项</th><th>二级事项</th><th>全社会</th><th>特定群体</th><th>主动</th><th>依申请</th><th>县级</th><th>乡级</th></tr>
<tr><td rowspan="2">4</td><td rowspan="2">征地前期准备</td><td rowspan="2">拟征地听证</td><td rowspan="2">征地前期工作中依申请开展听证工作的，听证结果予以公开。按拟征收土地告知确定的时间制作《听证通知书》；按《听证通知书》规定的时间组织听证；实施听证的，公开听证相关材料。
1.《听证通知书》；
2. 听证处理意见；
〔＊听证笔录有关资料〕。</td><td rowspan="2">1.《国土资源听证规定》；
2.《国土资源部办公厅关于进一步做好市县征地信息公开工作有关问题的通知》（国土资厅发〔2014〕29号）</td><td>①《听证通知书》应在组织听证7个工作日前予以公开；②其他听证公开内容在拟征地听证工作结束后5个工作日内在村公示栏公开。</td><td rowspan="2">县（市、区）自然资源主管部门和负责农村集体土地征收的有关部门</td><td rowspan="2">■社区/企事业单位/村公示栏（电子屏）
▲政府网站
▲征地信息公开平台
□政府公报
□两微一端
□发布会/听证会
□广播电视
□纸质媒体
□公开查阅点
□政务服务中心
□便民服务站
□入户/现场
□精准推送
□其他</td><td></td><td>√面向拟征收土地所在地的村集体成员</td><td rowspan="2">√</td><td rowspan="2"></td><td rowspan="2">√</td><td rowspan="2">√</td></tr>
<tr><td>收到征地批准文件之日起10个工作日内，在政府网站、征地信息公开平台公开。</td><td>√</td><td></td></tr>
</table>

续表

序号	公开事项		公开内容	公开依据	公开时限	公开主体	公开渠道	公开对象		公开方式		公开层级	
	一级事项	二级事项						全社会	特定群体	主动	依申请	县级	乡级
5	征地审查报批	征地报批材料	县(市、区)人民政府按照建设用地审查报批有关规定,组织用地报批过程中的相关报批材料予以公开。 1. 县(市、区)人民政府建设用地请示; 2. 县(市、区)自然资源主管部门建设用地审查意见; 3. 建设用地呈报说明书、农用地转用方案、补充耕地方案、征收土地方案、供地方案;〔*其他相关文字报批材料和图件由各省(区、市)确定公开方式〕。	1.《中华人民共和国政府信息公开条例》; 2. 建设用地审查报批有关规定	收到征地批准文件之日起10个工作日内公开。	县(市、区)自然资源主管部门	▲政府网站 ▲征地信息公开平台 □政府公报 □两微一端 □发布会/听证会 □广播电视 □纸质媒体 □公开查阅点 □政务服务中心 □便民服务站 □入户/现场 □社区/企事业单位/村公示栏(电子屏) □精准推送 □其他	√		√	√	√	

续表

序号	公开事项		公开内容	公开依据	公开时限	公开主体	公开渠道	公开对象		公开方式		公开层级	
	一级事项	二级事项						全社会	特定群体	主动	依申请	县级	乡级
6	征地审查报批	征地批准文件	有权一级人民政府批准用地的批复文件、地方人民政府转发批复文件应予以公开。 1. 国务院批准用地批复文件（指用地由国务院批准）； 2. 省级人民政府批准用地批复文件（指用地由省级人民政府批准）； 3. 国务院批准城市用地后省级人民政府审核同意实施方案文件； 4. 地方人民政府转发用地批复文件； 5. 其他用地批准文件。	1.《土地管理法》； 2.《中华人民共和国政府信息公开条例》	收到征地批准文件之日起10个工作日内公开。	县（市、区）自然资源主管部门	▲政府网站 ▲征地信息公开平台 ▲社区/企事业单位/村公示栏（电子屏） □政府公报 □两微一端 □发布会/听证会 □广播电视 □纸质媒体 □公开查阅点 □政务服务中心 □便民服务站 □入户/现场 □精准推送 □其他	√		√		√	√

续表

序号	公开事项		公开内容	公开依据	公开时限	公开主体	公开渠道	公开对象		公开方式		公开层级	
	一级事项	二级事项						全社会	特定群体	主动	依申请	县级	乡级
7	征地组织实施	征收土地公告	根据用地批复文件,县(市、区)人民政府拟定征收土地公告并予以公开。 1. 征地批准机关、批准文号、批准时间和批准用途; 2. 被征收土地的所有权人、位置、地类、面积; 3. 征地补偿标准、农业人口安置方式、社会保障途径等; 4. 办理征地补偿登记的期限、地点和要求; 5. 救济途径。	1.《土地管理法》; 2.《征收土地公告办法》	收到征地批准文件之日起10个工作日内公开。	县(市、区)自然资源主管部门和负责农村集体土地征收的有关部门	▲政府网站 ▲征地信息公开平台 ▲社区/企事业单位/村公示栏(电子屏) □政府公报 □两微一端 □发布会/听证会 □广播电视 □纸质媒体 □公开查阅点 □政务服务中心 □便民服务站 □入户/现场 □精准推送 □其他	√		√		√	√

续表

序号	公开事项		公开内容	公开依据	公开时限	公开主体	公开渠道	公开对象		公开方式		公开层级	
	一级事项	二级事项						全社会	特定群体	主动	依申请	县级	乡级
8	征地组织实施	征地补偿登记	征地补偿登记汇总表。 〔＊征地补偿登记前置与征收土地现状调查合并进行的，在前置环节一并公开〕。	1.《土地管理法》； 2.《中华人民共和国政府信息公开条例》	征地补偿登记结束后5个工作日内公开。 公示结束后，转为依申请公开。	县（市、区）自然资源主管部门和负责农村集体土地征收的有关部门	■社区/企事业单位/村公示栏（电子屏） □政府网站 □政府公报 □两微一端 □发布会/听证会 □广播电视 □纸质媒体 □公开查阅点 □政务服务中心 □便民服务站 □入户/现场 □征地信息公开平台 □精准推送 □其他		√拟征收土地所在地的村集体成员	√	√		√

续表

序号	公开事项		公开内容	公开依据	公开时限	公开主体	公开渠道	公开对象		公开方式		公开层级	
	一级事项	二级事项						全社会	特定群体	主动	依申请	县级	乡级
9	征地组织实施	征地补偿安置方案公告	征收土地公告期满后，县（市、区）自然资源主管部门和负责农村集体土地征收的有关部门拟定《征地补偿安置方案》并予以公开。 1. 被征收土地的位置、地类、面积，地上附着物和青苗的种类、数量，需要安置的农业人口和数量； 2. 土地补偿费和安置补助费的标准、数额、支付对象和支付方式； 3. 地上附着物和青苗的补偿标准与支付方式； 4. 社会保障费用的筹集方法、缴费比例和办法； 5. 农业人员安置具体途径；	1.《国土资源部办公厅关于进一步做好市县征地信息公开工作有关问题的通知》（国土资厅发〔2014〕29号）； 2.《征收土地公告办法》	拟定《征地补偿安置方案》后5个工作日内公开。 公示结束后，转为依申请公开。	县（市、区）自然资源主管部门和负责农村集体土地征收的有关部门	■社区/企事业单位/村公示栏（电子屏） □政府网站 □政府公报 □两微一端 □发布会/听证会 □广播电视 □纸质媒体 □公开查阅点 □政务服务中心 □便民服务站 □入户/现场 □征地信息公开平台 □精准推送 □其他		√拟征收土地所在地的村集体成员	√	√		√

续表

序号	公开事项		公开内容	公开依据	公开时限	公开主体	公开渠道	公开对象		公开方式		公开层级	
	一级事项	二级事项						全社会	特定群体	主动	依申请	县级	乡级
			6. 其他有关征地补偿、安置的具体措施； 7. 听证等救济途径； 〔＊征地补偿安置方案前置的，在前置环节一并公开〕。										
10	征地组织实施	征地补偿安置方案听证	依申请开展听证工作的，听证结果公开。按征地补偿安置方案公告确定的时间制作《听证通知书》；按《听证通知书》规定的时间组织听证；实施听证的，公开听证相关材料。 1.《听证通知书》； 2. 听证处理意见； 〔＊听证笔录有关资料〕。	1.《国土资源听证规定》； 2.《国土资源部办公厅关于进一步做好市县征地信息公开工作有关问题的通知》(国土资厅发〔2014〕29号)	①《听证通知书》应在组织听证7个工作日前予以公开；②其他听证公开内容在征地听证结束后5个工作日内公开。公示结束后，转为依申请公开。	县（市、区）自然资源主管部门和负责农村集体土地征收的有关部门	■社区/企事业单位/村公示栏（电子屏） □政府网站 □政府公报 □两微一端 □发布会/听证会 □广播电视 □纸质媒体 □公开查阅点 □政务服务中心 □便民服务站 □入户/现场 □征地信息公开平台 □精准推送 □其他		√拟征收土地所在地的村集体成员	√	√		√

续表

序号	公开事项		公开内容	公开依据	公开时限	公开主体	公开渠道	公开对象		公开方式		公开层级	
	一级事项	二级事项						全社会	特定群体	主动	依申请	县级	乡级
11	征地组织实施	征地补偿费用支付	征地补偿费用支付凭证。 〔在被征地村公告栏张贴,予以公开,张贴之日起20个工作日后可依申请公开〕。	1.《中华人民共和国政府信息公开条例》 2.《征收土地公告办法》	获得支付凭证后5个工作日内予以公开。 公示结束后,转为依申请公开。	县(市、区)自然资源主管部门和负责农村集体土地征收的有关部门	■社区/企事业单位/村公示栏(电子屏) □政府网站 □政府公报 □两微一端 □发布会/听证会 □广播电视 □纸质媒体 □公开查阅点 □政务服务中心 □便民服务站 □入户/现场 □征地信息公开平台 □精准推送 □其他		√拟征收土地所在地的村集体成员	√	√		√

注:1. 公开内容中标注为"＊"标记的,为可选项,由各地根据实际情况确定。

2. 公开渠道中标注为"■"标记的,为征地实施中的公开渠道;标注为"▲"标记的,为征地批准后的公开渠道;标注为"□"标记的,为可选项,由各地根据实际情况确定。

【相关案例】

××申请××省自然资源厅信息公开行政复议案

基本案情：2019年7月23日，被申请人××省自然资源厅收到申请人邮寄提交的《政府信息公开申请表》，请求公开"××市站前大道以西、兰州东路以南在李家河村集体土地上，建设××市白玉化工厂项目制作核准的：'一书四方案'、土地勘测定界图"的政府信息。8月20日，××省自然资源厅向申请人作出告知书，告知申请人"根据《政府信息公开条例》第十条规定。你所申请'一书四方案'和'土地勘测定界图'不属于我厅制作或最初获取。根据《政府信息公开条例》第十条和第三十六条（五）'所申请公开信息不属于本行政机关负责公开的，告知申请人并说明理由'的规定，上述信息不属于我厅公开范围，建设你向当地自然资源管理部门咨询、了解。"

裁判摘要：自然资源部经审理认为，依据《政府信息公开条例》（国务院令第711号）第三十六条"对政府信息公开申请，行政机关根据下列情况分别作出答复：……（二）所申请公开信息可以公开的，向申请人提供该政府信息，或者告知申请人获取该政府信息的方式、途径和时间；……（五）所申请公开信息不属于本行政机关负责公开的，告知申请人并说明理由；能够确定负责公开该政府信息的行政机关的，告知申请人该行政机关的名称、联系方式；……"和《建设用地审查报批管理办法》的规定，对于申请人申请公开的建设项目的"一书四方案"、勘测定界图的政府信息，由于省级人民政府批准征收的土地，由市、县人民政府及自然资源主管部门组织报批材料，即农用地转用方案、补充耕地方案、征收土地方案、供地方案、建设项目用地呈报说明书是经被申请人审查后报省级人民政府批准，"一书四方案"等作为报批材料是被申请人在建设用地报批过程中履行审查职责时的依据，也是证明建设用地批复符合法律规定的证据，告知书告知申请人不属于被申请人制作，也不属于被申请人最初获取，属于认定事实不清、适用依据错误。复议机关作出了撤销并责令重作的决定。

图书在版编目(CIP)数据

集体土地征收案件裁判思路与裁判规则 / 阎巍，胡卉明著. -- 北京 ：法律出版社，2020(2020.10 重印)
ISBN 978 - 7 - 5118 - 8952 - 2

Ⅰ. ①集… Ⅱ. ①阎… ②胡… Ⅲ. ①农村－集体所有制－土地征用－土地管理法－案例－中国 Ⅳ. ①D922.365

中国版本图书馆 CIP 数据核字(2019)第 295742 号

集体土地征收案件裁判思路与裁判规则
JITI TUDI ZHENGSHOU ANJIAN CAIPAN SILU YU CAIPAN GUIZE

阎 巍 胡卉明 著

策划编辑 慕雪丹 章 雯
责任编辑 慕雪丹 章 雯
装帧设计 李 瞻

出版 法律出版社
总发行 中国法律图书有限公司
经销 新华书店
印刷 中煤(北京)印务有限公司
责任印制 胡晓雅

编辑统筹 法商出版分社
开本 710 毫米×1000 毫米 1/16
印张 15.5
字数 219 千
版本 2020 年 2 月第 1 版
印次 2020 年 10 月第 3 次印刷

法律出版社/北京市丰台区莲花池西里 7 号(100073)
网址/www.lawpress.com.cn
投稿邮箱/info@lawpress.com.cn
举报维权邮箱/jbwq@lawpress.com.cn
销售热线/400 - 660 - 8393
咨询电话/010 - 63939796

中国法律图书有限公司/北京市丰台区莲花池西里 7 号(100073)
全国各地中法图分、子公司销售电话：
统一销售客服/400 - 660 - 8393/6393
第一法律书店/010 - 83938432/8433
西安分公司/029 - 85330678
重庆分公司/023 - 67453036
上海分公司/021 - 62071010/1636
深圳分公司/0755 - 83072995

书号:ISBN 978 - 7 - 5118 - 8952 - 2
定价:68.00 元